Viva como se
estivesse de partida

Rafael Henzel

VIVA COMO SE
ESTIVESSE DE PARTIDA

UM RELATO OTIMISTA E EMOCIONANTE
DO JORNALISTA QUE SOBREVIVEU
À TRAGÉDIA DA CHAPECOENSE

principium

Copyright © 2017 Editora Globo S. A. para a presente edição
Copyright © 2017 Rafael Henzel

Todos os direitos reservados. Nenhuma parte desta edição pode ser utilizada ou reproduzida — em qualquer meio ou forma, seja mecânico ou eletrônico, fotocópia, gravação etc. — nem apropriada ou estocada em sistema de banco de dados, sem a expressa autorização da editora.

Texto fixado conforme as regras do Acordo Ortográfico da Língua Portuguesa
(Decreto Legislativo nº 54, de 1995).

Editora responsável: Amanda Orlando
Editora assistente: Elisa Martins
Preparação de texto: Huendel Viana
Revisão: Carmen T. S. Costa e Camile Mendrot (Ab Aeterno)
Diagramação: Crayon Editorial
Fotografias: Arquivo pessoal
e Diego Vara/Reuters/Latinstock (caderno colorido, p. 5, superior)
Tratamento de imagem: Roberto Bezerra e Thais Pereira da Silva
Capa: Maria Clara Thedim
Imagem de capa: Dominik Schroder

1ª edição, 2017
2ª reimpressão, 2018

CIP-BRASIL. CATALOGAÇÃO NA PUBLICAÇÃO
SINDICATO NACIONAL DOS EDITORES DE LIVROS, RJ

H456v

Henzel, Rafael, 1973-
    Viva como se estivesse de partida / Rafael Henzel. -- 1. ed. --
Rio de Janeiro: Globo, 2017.
    il.

ISBN: 978-85-250-6420-2

    1. Henzel, Rafael, 1973 -- Narrativas pessoais. 2. Acidentes aéreos - Brasil. 3. Vítima de acidentes aéreos - Brasil. 4. Técnicas de autoajuda. I. Título.

17-41583   CDD: 158.1
                                                    CDU: 159.947

Editora Globo S. A.
Rua Marquês de Pombal, 25 — 20230-240 — Rio de Janeiro — SP
www.globolivros.com.br

Este livro é dedicado a todas as vítimas do voo da LaMia e seus familiares e a todas as pessoas mundo afora que oraram por esses amigos que nos deram grandes alegrias.

Dedico esta obra também a todos aqueles que, numa rede infinita de solidariedade, me deram a oportunidade de levar a mensagem de que muitas vezes o impossível é possível.

E, por fim, dedico Viva como se estivesse de partida aos sobreviventes: os membros da tripulação Erwin Tumiri e Ximena Suárez e os jogadores Neto, Follmann e Alan, provas de que Deus é poderoso.

Que os vossos esforços desafiem as impossibilidades, lembrai-vos de que as grandes coisas do homem foram conquistadas do que parecia impossível.

— Charles Chaplin

Sumário

Um sonho interrompido 11
A solidariedade deixa marcas 21
A motivação é estar vivo 31
Coragem em cada abraço 39
Uma mensagem de esperança. 45
Tempo de serenidade 53
Uma regra sem exceção 63
O milagre existe 69
Felicidade que transborda. 81
O futuro me reserva gratidão 87
Hora de olhar para a frente. 99
Nós não estamos sozinhos 107
Posfácio. 111
Agradecimentos 115

Um sonho interrompido

O RELÓGIO MARCAVA MEIA-NOITE do dia 23 de novembro de 2016. Eram os últimos momentos do jogo que alçaria uma equipe de futebol, e também uma cidade e uma região, a um patamar jamais imaginado. Anos antes, a Chapecoense costumava apenas sobreviver no Campeonato Catarinense. Dessa vez, não. Era a semifinal da Copa Sul-Americana. O estádio estava iluminado, não apenas pelos refletores, mas pelas luzes dos celulares de 16 mil torcedores. Alegoricamente, iluminado ainda pelo brilho de atletas que chegavam ao penúltimo degrau de uma das competições mais importantes da América do Sul.

Na cabine da Arena Condá, eu estava tenso. Afinal, do outro lado atacava o San Lorenzo, time tradicional da Argentina, que em 2014 havia conquistado o título da Libertadores da América. Um gol adversário, àquela altura do segundo tempo, poderia interromper um sonho — e isso quase aconteceu, trinta segundos antes de o jogo terminar, num cruzamento para a área, seguido por um chute a poucos metros da linha do gol. Com o pé direito, quase por reflexo, Danilo evitou o gol argentino que poria um ponto-final na competição para a Chapecoense. Fui junto com o goleiro. Vibrei com ele e chorei como muitos quando o árbitro encerrou a partida. Numa torrente, palavras e lágrimas faziam a alegria transbordar nas frases ditas ao microfone. A final da nossa "Copa do Mundo" se aproxima.

A classificação para a final tinha um sentimento de novidade, tal qual a primeira vez em que eu entrara no estádio Índio Condá. Como nas tardes de domingo nas quais eu vendia pastel ou picolé na porta do estádio para ajudar a família. Lembrei as tantas vezes na adolescência, sem dinheiro para comprar ingresso e ver a Chapecoense, que esperei até os quinze minutos do segundo tempo pela abertura do portão para entrar de graça. Ou que contei com a boa vontade do porteiro em permitir meu acesso às arquibancadas no segundo tempo.

Mesmo com vários anos de jornalismo, eu ainda me impressionava com as entrevistas após as partidas. Na maioria das vezes, jogadores e treinador exaltavam os torcedores e a cidade. Essa cumplicidade se comprovava nas ruas, nos supermercados, no shopping center, nas escolas, nos diversos cantos da nossa cidade de 210 mil habitantes. Cada um dos jogadores parecia um vizinho mais próximo, um amigo sempre disposto a nos saudar. Eles podiam ser considerados os nossos embaixadores pelo país e pelo mundo.

A nossa "Copa do Mundo" começou a ser disputada em Cuiabá, contra o time que tem o mesmo nome da capital do Mato Grosso. Era dia do meu aniversário. Naquele 25 de agosto, longe de casa e da família, eu estava pronto para narrar o que seria uma trajetória histórica para a Chapecoense. Os duelos, vencidos nos últimos minutos de jogo e nos pênaltis, foram repletos de emoção. O pé salvador de Danilo no último lance da semifinal era mais uma dessas alegrias transbordantes.

O ano de 2016 foi intenso para o clube e para quem o acompanhava. Até aquele momento, eu já havia narrado vinte jogos do Campeonato Catarinense — que culminaram no título da Chape —, 36 jogos do Campeonato Brasileiro e outros oito da Copa Sul-Americana. Além disso, eu mantinha o foco nos programas matinais e vespertinos que apresento na rádio. Mas eu imaginava que o principal estava por vir. O principal para mim, para a cidade e para a Chapecoense. Seria o maior ano de todos. Com a permanência na elite do Campeonato Brasileiro do ano seguinte garantida semanas antes, a final da Copa tornara-se uma realidade. Vencê-la era um objetivo comum para todos nós.

Apenas na sexta-feira, dia 25 de novembro, pude programar a viagem para a Colômbia, onde ocorreria a primeira partida da final. Foi quando a diretoria definiu a empresa que nos levaria com a delegação e os valores que pagaríamos para acompanhar o primeiro jogo da decisão. Eu sempre compartilhava com minha família esses momentos. Nossos encontros eram regados por fatos e fotos das viagens que o trabalho me proporcionava, e, daquela vez, a expectativa pelo próximo roteiro, a Colômbia, era grande. Apesar de meses antes ter visitado a trabalho a cidade de Barranquilla, no mesmo país, a ocasião seria completamente diferente.

Por causa da correria do cotidiano, não costumávamos almoçar na casa da minha mãe tanto quanto gostaríamos. Mas no sábado, antes da viagem para a final, estive com ela. Nesse almoço, compareceram também a família da minha irmã, o meu filho e a minha esposa. Todos ficaram por dentro da minha agenda para os dias seguintes e se animaram com tudo aquilo que acontecia na minha vida e com a equipe da Chapecoense. Eu partiria no domingo cedinho para São Paulo, pois haveria o jogo contra o Palmeiras pelo Campeonato Brasileiro, e na segunda-feira para a Colômbia. Naquela ocasião, nos despedimos — e mal sabíamos que poderia ter sido a última vez em que nos veríamos.

A madrugada de domingo começou com um grande encontro de amigos que fariam o mesmo itinerário do nosso grupo da rádio Oeste Capital FM. No aeroporto de Chapecó, o assunto era unânime: aquele seria um momento muito importante para o oeste de Santa Catarina. Entretanto, era impossível prever que torcedores, dirigentes e colegas da imprensa partiam para a jornada da qual, infelizmente, não retornariam.

Já em São Paulo, seguimos para o Allianz Parque, onde gravamos vídeos, almoçamos e recebemos a Chapecoense. Foi tudo perfeito. Não houve nenhum erro técnico na transmissão, nenhuma desilusão com a derrota para o Palmeiras. Acima de tudo, aquele era um sonho que se tornava realidade. No dia 7 de dezembro, no último jogo do ano contra os colombianos do Atlético Nacional, realizaríamos a mesma festa de campeão que o Palmeiras estava fazendo com a vitória sobre a Chapecoense pelo placar mínimo. Nada nos tirava a alegria. "Hoje, o Palmeiras comemora. Quarta-feira, na Colômbia, será a nossa vez", eu disse ao microfone, após o apito final em São Paulo.

Lembro que não foi fácil dormir naquela noite. A ansiedade me tirava o sono. Pensava como seria a viagem, como seria o primeiro embate da final. Na manhã da véspera, ficamos sabendo que a empresa LaMia, que nos levaria a partir de São Paulo, não tinha sido autorizada pela Agência Nacional de Aviação Civil (Anac) a pousar em aeroportos brasileiros. Sinceramente, isso não foi marcante, já que, na ida para Barranquilla, em outubro, a nossa viagem com a empresa também começara a partir da Bolívia. Assim, a segunda-feira, 28 de novembro, iniciou de forma normal. Acordei às seis e meia da manhã para gravar o primeiro programa do dia, que ia ao ar das sete às dez horas. Pelo grupo de um aplicativo, recebi a informação de que a delegação chegaria por volta das onze e meia ao Aeroporto Internacional de Guarulhos.

Chegamos antes deles para despachar a bagagem. No entanto, eu e os demais colegas ficamos mais de três horas esperando para despachá-la e pegar os bilhetes com outra empresa boliviana, que nos levaria até a conexão em Santa Cruz de la Sierra. Apesar da espera prolongada, não podia haver clima melhor no grupo. Jogadores, dirigentes, comissão técnica, convidados e jornalistas contavam histórias, comentavam o jogo anterior e projetavam o confronto na Colômbia. Todos estavam unidos. Todos queriam participar daquela história de um time que alcançava a glória vindo de uma cidade do interior.

A decolagem do nosso voo para Santa Cruz de la Sierra estava prevista para as 3h15 daquela tarde. Porém, por causa da demora da companhia aérea em imprimir os cartões de embarque, nossa saída atrasou mais de uma hora. Entre um suco e outro, gravamos uma conversa com Neto, um jogador que no início do ano havia sofrido uma lesão na coluna, mas que, com muita fé e tratamento, conseguira se recuperar. Como muitos, chegava a um momento especial na carreira. Neto falou em Deus, em mérito, em destino. Menos de doze horas mais tarde, nossos destinos seriam separados das outras 71 pessoas com quem compartilhamos o segundo voo.

Eram cinco horas da tarde de segunda-feira quando o avião finalmente decolou da pista do aeroporto de Guarulhos. A delegação, misturada aos demais passageiros, viajou tranquila. Houve apenas uma pequena turbulência. Poucas horas depois, pousamos no aeroporto boliviano. Por causa do atraso no Brasil, a troca de aeronave foi rápida. Fomos recebidos pela tripulação da LaMia, praticamente a mesma que nos levara para Barranquilla no mês anterior. O voo fretado não tinha de obedecer aos mesmos procedimentos de um voo comercial. Antes de decolarmos, saímos algumas vezes da aeronave. Numa delas, fiz uma selfie com o jato ao fundo, personalizado com o emblema da Chapecoense, por achar interessante as plotagens que a empresa fazia com a marca das equipes que contratavam o seu serviço.

Quatro horas e meia, aproximadamente, nos separavam do aeroporto de Rionegro, localizado a quarenta minutos de Medellín. Cada passageiro encontrou uma maneira de passar esse tempo. Alguns atletas jogavam cartas, outros ensaiaram um pagode, um grupo levou um videogame. Nós, os jornalistas, conversávamos sobre nossas carreiras, histórias de futebol, memórias pessoais. Éramos 22 jornalistas, radialistas e técnicos de emissoras de TV. Além de mim, oito colegas da imprensa de Chapecó viajavam entusiasmados com a oportunidade de testemunhar a maior decisão dos 43 anos da Chapecoense.

Tentei dormir durante a viagem. Apesar do cansaço por acordar cedo e viver um dia intenso, não consegui. Busquei me distrair trocando de lugar várias vezes. Em instante nenhum recebemos da cabine informações sobre o tempo de voo, escalas ou hora do pouso. Como sentei na penúltima fileira, na poltrona do meio, perguntei algumas vezes para os tripulantes que estavam próximos quanto tempo restava de viagem. Todas as perguntas foram respondidas com "dez minutos". Nem eu nem qualquer outro passageiro tinha a mínima ideia do que se passava. Apenas aqueles que estavam na cabine de comando tinham algum conhecimento da situação. Mesmo do banco do meio, tentei visualizar pela janela alguma luz que pudesse indicar que estávamos chegando.

O voo seguia tranquilo, ainda que cansativo. Particularmente, eu não imaginava que o tempo no ar já alcançava o limite da autonomia da aeronave. Era quase 1h15 da madrugada da terça-feira, horário de Brasília, quando algo muito estranho aconteceu. Notei os motores desligarem. Houve um silêncio horrível. Não bastasse isso, todas as luzes da aeronave se apagaram, e as de emergência se acenderam. Fiquei preocupado, assim como alguns dos demais passageiros que ainda estavam acordados. Alguns questionavam: "O que está acontecendo?". Atrás de mim, alguns tripulantes diziam que estava tudo normal. Observei, à minha esquerda, que a comissária afivelava o cinto de segurança. Fiz o mesmo. Ela estava na parte de trás da aeronave, de costas para os passageiros e voltada para a parede que dava acesso ao banheiro. Meu coração batia acelerado. Algo me dava a impressão de que o avião iria cair por causa das turbinas desligadas. Porém, minutos depois, disse aos colegas que estavam ao meu lado: "Acho que o pior já passou". Imaginei isso porque o avião não enfrentou turbulências, nem despencou. Mal sabíamos que ele estava planando rumo à colisão com o Cerro Gordo, minutos depois, a quinze quilômetros da pista do Aeroporto Internacional José María Córdova, em Rionegro. Aí aconteceu a pancada.

"O que é isso?", perguntei a mim mesmo quando acordei no meio do nada. Essa é a descrição exata. Não havia mais aeronave, não havia mais os companheiros de viagem. Na verdade, eu conseguia visualizar apenas dois deles, um de cada lado, e infelizmente estavam mortos. Parecia que eu havia sido colocado em um cenário. Antes de desmaiar outra vez, lembro ter observado à minha direita, no alto, um poste de luz. Isso me deu confiança de que poderia ser resgatado. Também observei a presença, uns vinte metros abaixo, de dois tripulantes vivos, apoiados em uma árvore. Eles foram os únicos sobreviventes da empresa boliviana. Entretanto, até então eu não tinha nenhuma ideia da gravidade do acidente.

Os jogadores Jackson Follmann e Alan Ruschel, além dos dois tripulantes da LaMia, já haviam sido resgatados. Acordei, definitivamente, com gritos que vinham para o lado onde eu estava. Palavras em espanhol que procuravam por outras pessoas com vida no local. Eram guardas nacionais da Colômbia, que chegaram ao cerro antes do resgate. A esperança tomou conta de mim. Sabia que, apesar da tragédia, Deus havia me abraçado naquele momento.

Até a chegada do socorro, fiz testes com meu corpo para entender o que eu sofrera. Movi os pés. Eu estava preso à poltrona pelo cinto de segurança, cercado por dois colegas mortos debruçados no topo do morro onde o avião colidira. Mexi os braços e tentei livrar as pernas, porém não tive sucesso, porque estava com metade do corpo preso em galhos e coberto de terra e outros materiais. Como fiquei ali, sem quebrar as pernas, é algo que me pergunto até hoje.

Imagino que já haviam se passado quatro horas do impacto quando o resgate chegou até mim. Pedi que me retirassem pelas costas, porque eles teriam de me sustentar em uma altura maior se eu saísse de frente, por causa do declive do terreno. Como estava lúcido, não pensei que tivesse sofrido tantos ferimentos no rosto — no queixo, no nariz, no supercílio, ao lado do olho. Muito menos que quebrara sete costelas. Os socorristas colocaram o colete cervical em mim. Pedi água, reclamei do frio. Eles pediram para que eu ficasse calmo. Eu queria avisar a minha família. Mesmo sem saber a extensão da tragédia, queria poupar todos de notícias que pudessem causar sofrimento.

O resgate não foi fácil. Eram seis pessoas desgastadas pelo trabalho de uma noite de buscas carregando uma pessoa de 106 quilos em uma maca morro afora, pedindo para que eu permanecesse acordado. Como eu sentia dores, apenas cruzei os braços e esperei a chegada da ambulância. O resgate, porém, estava longe de terminar. O acesso ao local só era possível com veículos de tração nas quatro rodas. As ambulâncias não conseguiam se aproximar. Todos os sobreviventes foram colocados em caminhonetes no primeiro trecho da descida, sem saber até onde seriam levados. Eu pensei o quanto seria desconfortável aquela viagem caso ela terminasse apenas em Medellín. Depois de chegar a uma tenda improvisada, montada pelos colombianos, fui sedado. Começava a minha luta pela sobrevivência e, a partir daquele momento, passei a receber demonstrações de solidariedade que vinham de quase todos os cantos do mundo.

A SOLIDARIEDADE DEIXA MARCAS

É INEXPLICÁVEL O QUANTO a tragédia uniu as pessoas. Não tínhamos nenhuma ligação cultural, esportiva ou étnica com a Colômbia. Nada. De repente, conseguiram reunir, em menos de dois dias após o acidente, 90 mil colombianos dentro e ao redor do estádio Atanasio Girardot, em Medellín. Todos mobilizados, vestidos de branco, levando velas acesas, prestando uma homenagem espontânea às vítimas. Eu me perguntava: "Como assim?". Agora, parece evidente. Aquilo era apenas mais uma fração da solidariedade que começara já no trabalho de resgate no Cerro Gordo. Então aprendi a dimensão desse sentimento de ajuda. Percebi como a solidariedade contribuiu para a minha recuperação e para a dos demais sobreviventes.

Quando se iniciaram as buscas no local da queda do avião, as equipes de resgate pediram ajuda à população. Quem falasse português, fosse psicólogo ou tivesse uma caminhonete com tração nas quatro rodas podia se apresentar no aeroporto de Rionegro, onde deveríamos ter pousado. Precisaram fechar as portas, de tanta gente que apareceu. Na ocasião, tiveram que impedir o acesso à estrada por causa do grande número de voluntários com carros tracionados, para evitar que o trânsito ficasse congestionado e atrasasse a volta das ambulâncias. Naquele momento, ninguém sabia quantos estavam vivos, portanto, nem quantos veículos voltariam para o hospital. Infelizmente, só retornaram seis ambulâncias.

Colegas da TV Globo me contaram que, quando eles chegaram para fazer a reportagem no estádio de Medellín, estava tudo fechado. Havia 45 mil pessoas do lado de fora, impedindo o acesso aos portões. Eles falaram que eram brasileiros, que precisavam entrar para fazer a cobertura da homenagem. Imediatamente, abriram um clarão para eles chegarem ao estádio. Apenas porque os jornalistas eram brasileiros. Parecia que o povo colombiano queria mostrar que eles não tinham só a guerrilha das Farcs, não tinham só o narcotráfico de décadas passadas. Estavam desmontando estereótipos. Os colombianos desejavam mostrar que são solidários. Eles deram um tapa com luva de pelica em todo o mundo com aquela homenagem. Tanto quanto o próprio *fair play* do Atlético Nacional — que durante as décadas de 1980 e 1990 era abastecido com dinheiro do narcotraficante Pablo Escobar. Eles deram o título da Copa Sul-Americana para a Chapecoense. O presidente do clube colombiano estava lá conosco, foi muito educado com os quatro brasileiros sobreviventes que puderam comparecer à cerimônia.

Por isso, sei como a solidariedade pode amenizar o sofrimento. As famílias que viajaram para a Colômbia foram muito bem atendidas. Jamais ficaram desassistidas. Minha esposa, Jussara, e meu primo, Roger, que me acompanharam durante o tratamento em Medellín, foram levados para a casa do médico. Cada um ficou em um dos quartos dos filhos do dr. Juan, o anestesista. Os filhos dele foram dormir na sala. O dr. Juan estava comigo quando ficou sabendo que os meus parentes chegariam à Colômbia. Então organizou a própria casa e enviou familiares dele para recepcionar minha esposa e meu primo no portão de desembarque internacional do aeroporto. Levou os dois para a casa dele para dar a primeira assistência e, depois, para a clínica. Que demonstração de solidariedade incrível! Imagine a situação: você sai de Chapecó, percorre 7 mil quilômetros, chega a uma clínica em um país desconhecido onde o idioma é outro e ainda precisa descobrir com quem falar. Como lidar com tanta informação nova, além de ter um parente internado depois de um acidente aéreo? O dr. Juan e sua família, entretanto, tornaram tudo isso mais brando para nós.

Nunca nos faltou apoio na Colômbia. Passado o acompanhamento inicial, os familiares eram assistidos pelo programa de voluntários, que os amparavam o tempo todo. Eles falavam com a imprensa ou impediam o acesso dos jornalistas quando necessário. Compravam tudo para as famílias, de xampu a camisas. Encarregavam-se do transporte do hotel para o hospital e vice-versa. Eles os levavam para almoçar e jantar. Queriam ter certeza de que todos estavam bem. Enfim, essa solidariedade acaba nos envolvendo e nos faz querer melhorar. Não é fácil ficar no meio do nada, com dois amigos mortos ao seu lado, sem saber o que vai acontecer. A sensação é desoladora. Mas, de repente, as pessoas ocuparam o seu tempo e dedicaram as suas orações por nós. Tornaram-se íntimas da gente. Naquela circunstância, era o que eu precisava para a minha recuperação.

Eu quase me entreguei nos primeiros dias de hospital. No entanto, descobri que poderia ajudar a mim mesmo se permitisse que toda aquela emoção me envolvesse. Lembro que, no início do tratamento, eu nem abria os olhos, pois sentia muita dor ao me mexer e tomava muitos remédios. Praticamente não interagia. Ficava no escuro, fechava os olhos ou mirava o teto. Oportunamente, o pensamento positivo que vinha de fora me contagiou. E me dei conta de que eu estava ali, vivo perante uma tragédia que vitimara

71 passageiros e tripulantes. Pensei: "Como é que eu vou desistir?". Foi a hora da virada, na qual comecei a focar com empenho no tratamento.

Se os médicos queriam, a minha família queria, o mundo queria, por que não focar no tratamento, fazer tudo o que os médicos falavam, compreender que o tempo seria o senhor da razão? Enquanto estava no hospital, a Jussara falava que eu era muito querido lá fora. Eu não tinha noção disso, porque achava que era apenas um cara de Chapecó que havia sofrido um acidente. Eu não tinha noção da grandiosidade da repercussão de tudo aquilo. Quando tiramos uma foto e publicamos nas redes sociais, logo tivemos milhões de compartilhamentos. Foi a primeira foto de um dos sobreviventes do acidente a ser publicada. Eu estava todo inchado, cabeludo, praticamente escondido num cobertor horrível. Ou seja, uma imagem que você não divulgaria em condições normais. Porém, a Jussara aparecia muito feliz ao meu lado na foto. Aquela postagem foi determinante para mim.

Recordo que eu lia os milhares de mensagens que chegavam e chorava. Aquilo me deu uma força muito grande, porque me queriam bem. Aquelas pessoas me queriam vivo. E vinham do Brasil inteiro. E eu ainda estava com pneumonia, num período crítico do tratamento. As redes sociais nos aproximam muito dos outros. Você consegue se comunicar com o mundo. Eu tinha o hábito de conversar com o público no Twitter, no Facebook, bem como através da própria rádio onde trabalho. Há muita gente acompanhando o meu trabalho via internet. E aí começaram a chegar as mensagens, que traziam apenas desejos positivos. As curtidas na minha página no Facebook pularam de 40 mil para 170 mil. No Twitter, passei de 2 mil seguidores para 35 mil. Isso me fortaleceu.

Logo, eu já queria luz dentro do quarto da clínica. "Menos escuro", eu dizia. Colocava música para tocar no meu celular, canções diferentes dia após dia, cada vez mais animadas. Nos primeiros dias, recebi muitos hinos de recuperação, canções gospel ou gravadas por padres, que me emocionavam e me faziam chorar. Depois, vieram outras músicas populares, como "Trem-bala", da Ana Vilela, que questiona a velocidade acelerada de nossas vidas e fala justamente da situação que eu vivia, de acreditar e sentir que o caminho o fortaleceu. Muito emocionante. Eu ouvia o samba "Tá escrito", do Grupo Revelação: "Ergue essa cabeça, mete o pé e vai na fé. Manda essa tristeza embora". Passei para músicas mais alegres, que eram o espírito da ocasião, como "Reggae Town", do Jota Quest. Tudo isso me alimentava de positividade.

A dedicação dos indivíduos a sua volta conduz à reflexão. Você está muito humilde ali na cama do hospital, depende de todos, de quem você nunca viu na frente. Desconhecidos vão lhe dar banho. Imagine só, com 43 anos de idade, precisar de alguém para tomar banho! Eu era um profissional que estava passando por um momento de atividade intensa, indo de Buenos Aires para Chapecó, depois para São Paulo e Medellín. E então, de uma hora para outra, me vi ali, completamente vulnerável. Com isso passei a entender que não somos nada sozinhos, que dependemos uns dos outros em uma cadeia organizada. Você não é nada sem as suas teias de relações. E ninguém está cobrando nada de você.

Na minha última noite na clínica, até as enfermeiras que estavam de folga foram me dar um abraço. Porque eu acho que o mais interessante disso tudo é que é uma vitória para eles também. Todos vinham com gosto: as auxiliares de enfermagem, as enfermeiras, os médicos, as psicólogas. Lembro que a chefe do corpo clínico, a Adriana, chorou na minha despedida. Ela me disse uma frase marcante: "Aqui na Colômbia existe um ditado: para trás, nem para tomar impulso. Olhe para a frente". É um conselho tocante. E foi isso que eu imaginei dali em diante.

Embora a recuperação fosse demorada, consegui voltar ao trabalho em quarenta dias, como prometi.

Às vezes, não acreditamos nas nossas relações. Esquecemos que vivemos em um mundo sincronizado. Você não vive em uma bolha. Todos dependemos das outras pessoas, e as outras pessoas dependem de nós. É imprescindível ter essa compreensão. Não dá para ser arrogante e pensar: "Não preciso de você". No mundo todos estão relacionados, ninguém é uma ilha. Dependemos de outros afluentes, como o trabalho de uma pessoa e a dedicação de outra. Sejamos solidários.

Frequentemente, os mais humildes são desrespeitados. Por exemplo, o cara que está catando lixo está ajudando você, contribuindo para a limpeza da sua rua. Alguns não dão bola, naturalizam os garis como se eles não existissem. E eles fazem parte do nosso dia a dia, também fazem parte de uma teia de relações. Merecem reconhecimento. Sem contar os mais próximos, como os nossos colegas de empresa, a nossa família. Todos estão relacionados. Você está retribuindo? Em muitas ocasiões, não dá mais tempo de correr atrás. Não há uma segunda chance.

Durante as semanas de recuperação, eu recebi inúmeros presentes. Tapetes, flores, vasos, quadros, imagens de São Jorge, rosários e terços nos quais rezaram por nós. Muitos foram até a rádio me entregar essas lembranças. Na frente da minha casa, do outro lado da rua, colocaram uma faixa me dando as boas-vindas a Chapecó. Fora as visitas e os abraços. Tudo isso aconteceu espontaneamente, por intermédio de pessoas que não me conheciam fora dos programas de rádio ou das reportagens na imprensa. Isso mostra como o caso teve uma repercussão notável e, o fundamental, como muitas vezes não acreditamos ser tão essenciais para os outros. Eu não sabia, por exemplo, que a minha vida era tão importante para tanta gente. Não fazia a mínima ideia. Por isso temos que cuidar muito de todos. Porque eles têm um interesse enorme em nós — e não é financeiro. As pessoas simplesmente gostam de você. E eu de fato não esperava aquele carinho do público.

Hoje, os resultados dessa sucessão de atos de solidariedade ficaram extremamente claros. No meio de tanta tragédia, havia um pouco de vida. E essa vida foi comemorada por todos. Dos 77 que embarcaram no voo, seis sobreviveram. Portanto, é preciso comemorar. Sim, é necessário chorar pelos que se foram, mas também comemorar porque nem todos partiram. E ainda há vida em cada momento. Repito: fiquei muito impressionado, porque não esperava que a nossa vida fosse tão importante para as outras pessoas. Isso foi emocionante demais. Desde os primeiros dias na Colômbia, quando eu recebi as mensagens, todas eram extremamente carinhosas. Tudo se resumia a carinho e mais carinho. Todos me diziam: "Vamos lá, vamos sair dessa". Se o público queria, se a família queria, se os médicos queriam, não tinha por que eu não querer. Eu tinha que reagir de uma forma otimista e consegui. Respondi favoravelmente ao tratamento, mas só porque tive a ajuda e a solidariedade de todos.

A solidariedade que você recebeu fica marcada no seu corpo. Penso que a minha vida dependeu desse sentimento. Devo todas as graças que recebi a Deus principalmente — que me abraçou naquele momento —, à equipe médica, a Chapecó, ao nosso povo e ao da Colômbia. Foi notável, porque não havia motivo para fazerem tudo aquilo. Apesar da tragédia, os colombianos não tinham esse dever, mas, mesmo assim, nos ajudaram. E como nós podemos doar mais? Eventualmente, temos ações de solidariedade na nossa rádio em Chapecó, como troca de adesivos da Chapecoense por brinquedos para entregar a crianças pobres. Tudo o que podemos fazer para a comunidade, nós fazemos. E ainda é pouco, porque estamos falando de um veículo de comunicação.

A gratidão é uma das maiores qualidades que se pode ter. Vemos pessoas que são atendidas em tantos lugares e não falam um obrigado, nem dão um bom-dia ou um boa-tarde. Acho que espalhar gratidão, agradecer por tudo o que nos acontece no dia a dia, é espetacular. Como eu me sinto bem quando sou grato a alguém. Como deve ter sido maravilhoso para os médicos e para as enfermeiras todos saírem vivos do hospital. Não só saírem bem, mas sorrindo. Como é bom sair contente de um estabelecimento comercial porque fomos bem atendidos pelos funcionários que trabalham lá. O sentimento de gratidão é maravilhoso. Eu quero espalhar gratidão, seja aqui, seja na Colômbia, seja em qualquer lugar. As pessoas precisam saber que eu sou muito grato a todos.

Pretendo ser mais solidário ainda, para agradecer pelo menos 1% do que as pessoas dedicaram a nós. Todos poderiam pôr a mão na consciência, por um momento que seja, e ser solidários com as pessoas que estão próximas. Mesmo que você não precise, graças a Deus. Como seria bom se você nunca precisasse de nada, absolutamente nada, que viesse da compaixão dos outros, da solidariedade dos outros. Porém, se você puder fazer isso, tenho certeza de que será gratificante. Você não precisa doar grandes quantias por mês para uma entidade beneficente. Em vez disso, você pode lhes oferecer o seu tempo, por exemplo. Ou pode doar um quilo de arroz quando ocorrer um evento com a renda revertida para alguma causa. Esse quilo de arroz vai se transformar depois em lucro para a entidade, no risoto, na macarronada ou no churrasco da comunidade.

Não se trata unicamente de dinheiro. Você pode doar também a sua intelectualidade, a sua habilidade profissional. Num fim de semana, quem sabe? Tantas entidades realizam pedágios para arrecadar recursos financeiros. De repente, você pode cooperar com uma ideia diferente, para que essas entidades não dependam apenas de doações de pequenas quantias. Estamos falando de um país que possui muitas cabeças excelentes. Como estamos colaborando na nossa rua, no nosso bairro, na nossa cidade? Somos solidários ou apenas reclamamos?

Chapecó é uma cidade que possui muitas comunidades de assistência dependentes de ações que precisam ser incentivadas. Isso vale para o mundo todo. Eu acho que uma missão que temos daqui por diante é fazer as pessoas colaborarem, abrirem seus corações para a solidariedade. Nós fomos muito impactados pela solidariedade dos outros. Então, temos que aprender a ser solidários também.

A MOTIVAÇÃO É ESTAR VIVO

Já contei como a solidariedade me deu forças para seguir o tratamento médico. Até que eu, por fim, permitisse que a positividade das mensagens que chegavam me envolvesse, passei por momentos muito difíceis. Eu não tinha jogado a toalha, mas estava muito para baixo. Imagine, para quem nunca tinha nem mesmo ficado internado, de repente estar cheio de aparelhos em uma UTI. Além do fato de trabalhar em rádio e estar rouco, não poder falar — na verdade, mal me saía a voz. Naquela iluminação artificial da UTI, eu fechava os olhos e via árvores, uma imagem aproximada do local do acidente, onde fui encontrado. Mas não eram sonhos nem pesadelos. Simplesmente parecia que aquele cenário estava gravado em mim.

Dois dias depois, retiraram os tubos que me ajudavam a respirar, e eu comecei a acreditar que a recuperação era possível. Quando descobriram a bactéria da pneumonia, os médicos iniciaram um tratamento de sete dias. Ganhei confiança. Também fiz uma cirurgia de vinte minutos no pé que foi ferido no acidente. Faltava recuperar plenamente os movimentos das pernas, que doíam muito, e restabelecer os pulmões. Então, com o apoio do mundo inteiro, que chegava via mensagens e presentes, eu me perguntei: "O que preciso fazer?". Fisioterapia à noite? Vamos fazer. As madrugadas não passavam. Todos dormiam, e eu permanecia acordado. Não consegui dormir nenhuma vez no hospital. Eu ficava quase em apneia. Não havia me adaptado ao fuso horário da Colômbia. As noites eram intermináveis naquelas condições. E, como eu ficava sempre deitado, tempo era o que eu mais tinha. Todas as madrugadas, eu fazia exercícios. Repetia o que a fisioterapeuta me ensinava durante o dia. Surpreendia até a minha esposa, que acordava no meio da noite e me via com a perna levantada. Também fazia a fisioterapia pulmonar no exercitador respiratório. Esse aparelho, chamado de inspirômetro de incentivo, tem três tubos transparentes, cada um com uma bolinha. O paciente inspira por um bocal, fazendo essas bolas subirem, sequencialmente, dez vezes. Sugando o ar pela boca, exercita-se a musculatura respiratória e aumenta-se o volume dos pulmões. Como eu estava debilitado, não conseguia fazer subir nem a primeira bolinha. Dias depois, eu batia as três lá em cima, e a terceira ficava ainda mais tempo no ar. Isso tudo foi acontecendo aos poucos, fui melhorando, e eu fiquei extremamente confiante. Sabia que necessitava daquilo para poder voltar ao trabalho. Daí, a recuperação avançou.

 Sempre fui movido por motivação. Acho que todo mundo é assim. Na minha profissão de jornalista, quem me dá motivação são os ouvintes da rádio. Em casa, sou muito motivado. Tento incentivar a minha esposa e o meu filho. A motivação gera alegria, principalmente se estimularmos as pessoas nos problemas que são palpáveis, para não haver frustração depois. Fiquei muito motivado depois dessa experiência, por um motivo simples: a vida. Que motivação maior eu posso ter do que estar circulando, estar aqui entre nós, vivo? O milagre aconteceu. E, de tanto apoio recebido, decidi: em qualquer oportunidade ao meu alcance, vou trabalhar muito para ajudar quem tem que ser ajudado e para agradecer às pessoas. Foram elas que me deram toda essa motivação.

A motivação é fundamental para sair de situações como aquela na qual eu estava. Na cama de um hospital, você precisa ser encorajado continuamente. E, mais do que tudo, responder à motivação, não ficar passivo. Se todo mundo deseja que fiquemos bem, por que não vamos querer o mesmo? A motivação vinha dos médicos, das enfermeiras, das auxiliares de enfermagem, dos familiares. Vinha de gente desconhecida do mundo todo. Logo assumi o compromisso de não desistir. Sempre que pudermos motivar os outros, também estaremos contribuindo para que o ambiente fique muito melhor.

Quando a minha mulher viajou para a Colômbia, acreditava que estava indo me buscar, que em três dias estaríamos de volta a Chapecó. Então nos deram a notícia de que eu ficaria internado por tempo indeterminado, pois havia uma pneumonia e sete costelas quebradas e ainda era preciso controlar a minha pressão arterial. No instante em que ela recebeu a notícia, o lamento foi imediato. Porém, logo em seguida esse sentimento de frustração foi substituído por um otimismo crescente. Se for preciso dedicarmos cinquenta ou sessenta dias para termos mais cinquenta ou sessenta anos de vida, não devemos ter pressa. É preciso focar na recuperação. Obviamente, eu preferia estar em casa, na minha cidade, mas tudo tem o seu tempo. Às vezes era difícil esquecer todo o resto e me dedicar apenas ao tratamento, mas precisava confiar nas ordens médicas e segui-las. O mesmo acontece em várias outras esferas da nossa vida. Eu vivi esse processo — e funcionou.

Durante o tratamento, contamos com quatro médicos brasileiros, entre eles, um dos maiores pneumologistas do Brasil. Ele olhou as radiografias do meu pulmão e falou: "Respira, teu pulmão está limpo". A pneumonia estava controlada. Assim, passaram a cuidar das minhas costelas quebradas. Certo dia, deitado, relaxado, me engasguei com um grão de arroz durante a refeição. Eu não podia tossir, por causa das fraturas. Foi uma crise e tanto. Posteriormente, fiquei sabendo que, em ocasiões como aquela, eu devia abraçar um travesseiro e comprimi-lo contra o tórax. Assim, a dor diminuia, mas isso eu só aprendi depois de ter sofrido bastante. Essas são experiências que, se Deus quiser, ninguém deve passar. Entretanto, há várias ocasiões semelhantes em nossas vidas que precisamos ter exatamente esse tipo de confiança, saber que cada passo é essencial para a garantia de uma vida saudável no futuro. Devemos aprender a transformar qualquer contratempo em motivação.

Eu tinha a esperança de melhorar, de sair do hospital. Portanto, não podia ficar parado, esperando algo de bom acontecer simplesmente porque os médicos queriam me curar. Eu precisava agir também. A esperança proveniente de toda a motivação que eu recebia e que buscava dentro de mim faria com que o melhor se concretizasse. Como diz o professor e filósofo Mario Sergio Cortella, é preciso ter esperança, do verbo "esperançar". E não do verbo "esperar". Se apenas esperarmos, nada acontecerá. "Ah, eu tenho esperança de que um dia a minha vida vai melhorar", alguns dizem. Não, isso não acontecerá se não fizermos por onde. Temos que trabalhar para isso, unir as pessoas à nossa volta. A esperança não vai chegar sozinha. Ninguém realiza os seus sonhos ou os seus projetos só com esperança. Não. Deus tem muito com que se preocupar enquanto você fica esperando alguma coisa acontecer.

A esperança é indispensável, desde que nos esforcemos para atingir o objetivo. Temos que sair da zona de conforto. De repente, perdemos o emprego, mas esse não é o fim da nossa carreira. Devemos acreditar, nos animar para buscar uma solução. Se estamos doentes, vamos melhorar. Porém, temos que ter fé na recuperação e fazer tudo o que for necessário. Às vezes nos sentimos tentados a desistir de um tratamento difícil — no meu caso, por exemplo, uma fisioterapia pulmonar. Eu sabia que sem aqueles exercícios minha saúde não seria restituída. Tinha esperança de me recuperar, mas não havia como isso acontecer se eu não fosse persistente. Por mais que me medicassem, não havia como. Eu queria voltar a trabalhar quarenta dias depois da queda do avião. Para acelerar a cura, precisava ajudar a mim mesmo. Eu tinha esperança de voltar, eu me ajudei, eu consegui.

Podia ter regressado antes ao trabalho, mas a minha promessa era me resguardar por um período de quarenta dias. Eu queria retornar à rádio no dia 9 de janeiro e narrar a primeira partida oficial da Chapecoense, no dia 26, pela Primeira Liga. Tanto que voltei antes da perícia médica, que estava marcada para o dia 12. A esperança é muito importante, mas nós não podemos esperar que a promessa se cumpra. Precisamos agir. Com o prazo que eu achava plausível e o apoio dos médicos, pude voltar. Cumpri a minha meta. No dia 9, eu estava trabalhando. E a evolução gradativa do quadro clínico, que tornava possível o cumprimento dos quarenta dias, me ajudou muito na recuperação. Eu tinha esperança e objetivo, e me empenhei para que ambos se materializassem.

Motivação e esperança são tudo na vida. Pense em alguém que deseja parar de fumar, por exemplo. Não adianta ter só esperança. Se a pessoa não tomar uma atitude e assumir o compromisso, não vai dar fim ao vício. Nunca esqueço que, no dia 14 de dezembro, duas semanas depois do acidente, recebi uma mensagem de um senhor. Transcrevo-a literalmente:

> Deus te abençoe... sabe, eu tava jogando minha vida no lixo no álcool, e vendo vc e os outros sobreviventes lutando pela vida, foi um tapa na minha cara... eu não bebo desde dia 30, e quero ficar sóbrio... enfim, foi um desabafo... obrigado.

Eu fiquei muito feliz, pois ele entendeu que as mudanças dependem mais dele do que dos outros. A nossa experiência na Colômbia fez esse senhor abrir os olhos, perceber que pode haver problemas bem maiores do que os que ele enfrenta. E as soluções não são fáceis, mas são menos complicadas do que estar em uma cama de hospital, ligado a um monte de aparelhos, sobrevivendo apenas, em uma situação onde algumas decisões não são nossas, porque não podemos nos medicar sem uma junta médica, porém, se não tivermos fé, a melhora não virá. A resposta que enviei para ele serve para todos:

> Meu querido amigo. A vida é uma bênção. Não vamos DESPERDIÇÁ-LA. Parabéns pela iniciativa. DEUS vai te ajudar.

Alegrou-me demais que essa pessoa tenha esperança de que é possível mudar a partir de suas próprias atitudes.

Às vezes, nós achamos que o nosso problema é gigantesco, mas há gente enfrentando questões muito maiores e que está superando todas elas. Foram impactantes essas mensagens de pessoas que refletiram e notaram durante aqueles dias que as suas dificuldades eram menores do que as dos outros. E elas se deram uma nova chance. São mensagens que ficamos felizes de receber, que nos motivam. Somos um exemplo para os outros. Eu não posso, simplesmente, sair por aí bebendo um litro de uísque para aliviar a minha dor. Nunca fiz isso e não será agora que vou mudar a minha vida e começar a beber por causa do acidente. Porque as pessoas ainda nos veem como um milagre — independentemente da interpretação de cada um para a palavra. As pessoas têm uma necessidade de estar perto dos sobreviventes. Não chega a ser uma idolatria, certamente, mas elas querem nos tocar, nos fotografar. Talvez isso aconteça em sua maioria devido à repercussão gerada pelo evento. Entretanto, se isso for importante para elas, se eu puder minimamente colaborar com todos depois do presente que eu recebi, quem sou eu para negar? Quero mais é fazer isso da melhor forma possível.

A motivação, repito, é fundamental para tudo. Um trabalhador sem motivação, que faz parte de uma empresa que não sabe incentivá-lo, não tem como dar certo. Lá na Colômbia, nós éramos muito motivados, a toda hora. Só lembro de uma única passagem negativa. Eu estava com o meu pé exposto, de olhos fechados, mas acordado, embora tentasse cochilar. Foi quando entrou uma enfermeira e falou: "Nossa, olha o pé dele". E a moça que estava no quarto fez: "Psiu". Era um comentário completamente fora de propósito, desnecessário para quem estava se recuperando. Eu sabia que o meu pé estava inchado, porém desconhecia o motivo, que só seria descoberto em Chapecó. De resto, pelo que me recordo, era uma motivação atrás da outra.

Quando você se sente motivado, também motiva todos ao seu redor. Imagine os médicos e enfermeiros olhando para um paciente sofrido, sem reação. O que vai motivá-los? Na primeira vez em que eu me sentei na cama, chegou um padre para me visitar. Eu disse: "Não, não entra, padre, pode sair". Eu estava brincando com ele. "Não é para dar a extrema-unção, né, padre?", eu falei. Então autorizei a entrada dele. Porque eu estava motivado, já conseguia brincar com todos. Eu sabia que estava sendo bem atendido — e notícia boa chama notícia boa. Fui me recuperando da pneumonia, que acho que era a única coisa que poderia me matar. Eu também tinha uma alteração na respiração, mas o meu tórax já estava controlado. É óbvio que as pessoas devem querer ser estimuladas também. Precisamos nos impulsionar e ser receptivos à motivação. Senão vira aquela conversa em que ninguém se entende.

Nós estamos neste mundo com um propósito. E qual seria ele? Eu acho que é fazer o bem ou tentar mostrar que se pode fazer o bem, ser gentil, alegre. Gentileza gera gentileza, como já dizia o profeta das ruas do Rio de Janeiro. Muitas vezes, nós desarmamos com um sorriso. Entramos em alguns atritos que uma simples gentileza dissolveria. Ser gentil é um ato poderoso para todos. A gentileza desarma muitas dificuldades que podem surgir em uma relação pessoal. Lembrando que os nossos dias não são perfeitos durante todas as suas 24 horas. Todos têm problemas em casa, no trabalho, na escola. Entretanto, se formos gentis, seremos recebidos com gentileza e nos sentiremos mais contentes.

A alegria evita doenças. Eu não sou um estudioso do assunto, mas sempre acreditei que é possível melhorar o ambiente no qual se vive. Ouvindo músicas alegres, por exemplo. Hoje, se você visitar o vestiário da Chapecoense, vai encontrar o aparelho de som ligado bem alto, com músicas animadas, para motivar os jogadores. Todos precisam se sentir estimulados. Se eu chegar em casa, vir a minha mulher de cabeça baixa e ficar de cabeça baixa também, teremos dois cabisbaixos. Devo motivá-la de alguma maneira. Quando eu chegar um pouco cansado, ela precisa me motivar. E assim nós temos que fazer em todos os campos da nossa vida.

Coragem em cada abraço

Como escrevi anteriormente, entendi o processo de recuperação dias depois de iniciar o tratamento. Evitava pensar no retorno para casa, focava na minha recuperação e seguia à risca as orientações dos médicos brasileiros e colombianos. Era um processo necessário, embora muitas vezes doloroso, tanto no tocante à parte física quanto à psicológica. Entretanto, com a presença da família e com os avanços da minha recuperação, tudo ficava mais fácil. Eu já estava havia treze dias na Colômbia. Surgiam várias notícias ruins, como a perda de amigos e colegas, mas era também um período de reconstrução para mim e para os meus familiares. Duas noites antes de voltar para o Brasil, fui transferido para o quarto. Senti uma grande diferença no ambiente e ganhei muito mais privacidade em relação à UTI e à unidade de tratamento semi-intensivo. O que permanecia era o atendimento sempre prestativo dos funcionários da clínica San Vicente. Eu me perguntava de onde vinha tanta gentileza. Seria uma questão apenas profissional? Ou algo sentimental em relação a seres humanos que desejam mais do que tudo sair vivos do hospital e retomar os seus planos? Creio que é um misto de ambos.

O tratamento na Colômbia me faz pensar constantemente no sentimento de humildade. Quando estamos em uma cama de hospital, somos o retrato da humildade. Dependemos de tudo e de todos. Somos obrigados a encarar esse tipo de situação e com isso mudamos. Acho que a humildade é uma característica perfeita. Você saber que é só mais um grão de areia, que tudo está relacionado. Um ditado chinês diz mais ou menos assim: "Quando termina o jogo de xadrez, todo mundo vai para a mesma caixa, do peão ao rei". Então, precisamos ser humildes e proliferar essa qualidade. Se os outros não forem humildes com você, paciência. Acredito que a humildade traz muita alegria para as pessoas. Jamais subestime a importância do outro, porque todos nós temos a nossa importância. Os colombianos me comprovaram essa ideia.

Pela janela do quarto, podia ver a área externa do hospital, até então desconhecida para mim. Observava o verde da mata localizada na lateral do edifício e vi, pela primeira vez depois do acidente, uma aeronave. A janela tinha quase o tamanho da parede à esquerda da cama, permitindo acompanhar as constantes decolagens do aeroporto de Medellín, que é muito perto dali. Confesso que fiquei um pouco apreensivo num primeiro momento, mas as imagens dos aviões subindo ao céu de certa forma me encorajavam para a viagem que faria dias depois. Como era bom olhar a vida fora do hospital, apesar de ainda sofrer com as limitações do local.

O retorno para o Brasil ainda me impôs mais dois obstáculos. Na antepenúltima noite, levei um susto. Desde a minha internação, os médicos haviam colocado drenos dos dois lados do meu tórax. O do lado direito foi retirado na primeira semana, e o do lado esquerdo, a parte mais atingida do meu corpo, só seria removido no Brasil. Porém, não sei como, quebrei a ponta do dreno enquanto estava deitado. Isso deixou as enfermeiras preocupadíssimas, apesar de não fazer diferença para a minha saúde.

O maior problema aconteceria na viagem aérea, impossível de ser feita com o dreno naquelas condições. Caso não o recolocasse, não poderia retornar para casa dois dias depois. Fiz mais uma pequena cirurgia e, felizmente, em poucos minutos estava pronto. Esse não seria o problema.

Situações como essas — do aeroporto ao lado da clínica e do dreno quebrado — nos deixam frente a frente com sentimentos como medo e coragem. Tive muito medo de deixar as pessoas. Eu não me preocupo comigo, eu me preocupo com quem sofre por mim. Este é o meu maior medo: não estar com as pessoas que amo. Algumas vezes, tive medo lá na Colômbia, ainda mais percebendo tudo o que ocorreu, a tristeza das mortes, o que poderia ter acontecido comigo. Mas o medo precisa ser enfrentado. Eu enfrentei esse medo, e as boas notícias vieram. E assim, de forma quase automática, todo e qualquer temor foi embora. Esse medo que nos ataca se transforma em coragem. Você sente que há possibilidades e, então, a coragem vem. E com ela uma vontade de melhorar, de acreditar nas pessoas ao seu redor, nos médicos, nos familiares.

Nós imaginamos a coragem como algo semelhante a "enfrentar alguém". Não, é mais do que isso. É coragem para tomar uma decisão. Porque as nossas escolhas sempre afetam a vida das outras pessoas, sejam elas nossos amigos, familiares, conhecidos ou desconhecidos. Para todas as decisões que você tem de tomar, é preciso antes de qualquer coisa tomar coragem e ter consciência de que vai dividir seus ganhos e suas consequências com os outros. Lembre-se: ninguém é uma ilha. Você interferirá na vida dos seus semelhantes. Aprendi isso naqueles primeiros dias, quando tive muito medo de não estar presente. No entanto, tive a coragem, na hora certa, de dar a volta por cima. Isso me ajudou muito na minha recuperação e também quando tive que confrontar outras adversidades.

Uma série de informações desencontradas, por exemplo, me deixou preocupado no último dia em que passei na Colômbia. Era domingo e meus familiares receberam a informação de que a seguradora não me traria de volta ao Brasil, a menos que fossem depositados 80 mil dólares na conta deles. Mesmo assim, jamais abandonei minha confiança. Acreditava primeiro em Deus, depois na minha recuperação e em um plano B. Caso não retornássemos para o Brasil imediatamente, me conformaria em seguir com o tratamento na Colômbia. O grande objetivo era estar bem, permanecer vivo, ao lado da minha família. Por isso, não nos importava se voltaria em dezembro ou em janeiro. A vida naquele momento era mais importante.

O dr. Carlos Mendonça, um dos médicos chapecoenses que estiveram conosco nos períodos mais críticos, trouxe a boa-nova: Alan Ruschel e eu voltaríamos juntos. E não seria em um avião da seguradora, mas com a Força Aérea Brasileira (FAB). Fiquei feliz porque um sonho estava prestes a ser realizado. Confesso que o meu coração batia em Chapecó. Antes, me despediria de pessoas que foram extremamente importantes para a minha sobrevivência. Enfermeiras, socorristas, médicos e pacientes internados na mesma ala queriam me dar o último abraço. Pessoas que usaram o seu tempo, os seus conhecimentos e o seu carinho para tratar de uma pessoa que se encontrava a 7 mil quilômetros de casa. Os voluntários que acompanharam a minha família na Colômbia também foram ao meu quarto me dar um abraço.

A gratidão é um dos sentimentos mais bonitos. E eu pude agradecer com todo o meu coração. Temos que ser gratos sempre. É necessário mantermos a gratidão por estarmos vivos, a gratidão pelo cara que recolhe o nosso lixo, a gratidão pela merendeira da escola, a gratidão pela enfermeira e o auxiliar de enfermagem, a gratidão pelo médico. Eu quero agradecer muito. Primeiro a Deus, que me deu esta oportunidade maravilhosa de estar aqui, enquanto 71 famílias ainda sofrem. Quero agradecer por ter renascido na Colômbia. Obviamente, eu não posso, em nenhum momento, pedir mais nada. Porque estou vivo.

Eu sei que muitos rezaram por mim, e agora fazem parte da minha família. Uma família que eu não conheço, mas que tem milhões de pessoas. Se eu for para Belém do Pará, que fica tão longe de Chapecó, elas vão querer me abraçar. E eu vou abraçá-las em retribuição. Lembro que eu tinha certa dificuldade com o abraço. Minha mãe trabalhava em frigorífico, acordava de madrugada, passava o dia fora de casa. Meu pai nunca foi uma figura presente. Assim, fui uma criança que ora estava com a avó, ora com a tia, ora com a mãe, para logo em seguida voltar para a avó e começar todo o ciclo mais uma vez. Eu nunca tive aquele abraço cotidiano, pois isso não era praxe na minha família. Já a minha esposa é exatamente o oposto, pois ela foi criada em um lar repleto de expressões de amor. Não que a minha família não fosse amorosa, apenas não demonstrávamos o afeto por meio de gestos físicos.

Agora, as pessoas vêm e me abraçam, e eu não me incomodo com isso. Pelo contrário, percebo como o abraço é importante. Era uma coisa que não fazia parte da minha vida, à qual eu não estava acostumado. Então as pessoas estão me ensinando. E eu estou suscetível a isso. Não é tão difícil abraçar, e como é bom ser abraçado! Quantos abraços eu poderia ter dado na minha vida e não dei? Eu também era muito desatento. Às vezes, as pessoas passavam por mim na rua e me cumprimentavam, mas quem respondia era a minha esposa, por pura distração minha.

Eu nunca fui um cara de chegar em qualquer lugar, passar pela porta e sair falando: "E aí, pessoal, como estão todos? Tudo bem?". Eu costumo entrar e ficar na minha, mas jamais deixarei de cumprimentar aqueles que vêm falar comigo, de abraçar de volta quem quiser me dar um abraço. Eis algo em que eu mudei muito, porque esse é o meu dever. Tenho uma dívida eterna com todos. Se essa for a minha pequena forma de retribuir tudo que as pessoas fizeram por mim, é exatamente isso o que vou fazer. Sei que para muitos esse abraço é muito reconfortante. Eles podem pensar: "Puxa, dei um abraço no Rafael, dei um abraço no Neto, dei um abraço no Alan, dei um abraço no Follmann. Pessoas que lutaram pela vida, que estão sorrindo depois de tudo". Isso tem um significado extraordinário.

Uma mensagem de esperança

ENQUANTO EU TENTAVA RELAXAR na madrugada da viagem da Colômbia para o Brasil, homens da FAB preparavam o Embraer C99 em Brasília. Em noventa minutos, o tempo de uma partida de futebol, eles transformaram a aeronave utilizada para viagens de autoridades em uma UTI móvel. A bordo, havia uma das quinze equipes médicas que a FAB possui e que nos acompanharia de volta ao nosso país horas depois. Segundo a própria tripulação: "É nossa missão levar brasileiros de volta para casa". Às três horas da madrugada do dia 13 de dezembro, o jato decolou de Brasília rumo à base aérea da Colômbia em Medellín. O meu retorno estava garantido.

Sinceramente, dentro das quatro paredes do quarto, eu não tinha noção do que nos esperava fora do hospital, apesar de toda a comoção, a expectativa e a torcida já terem me surpreendido pelas redes sociais. Nos corredores do hospital, o clima não era diferente, porque foram tiradas muitas fotos com diretores, pacientes, maqueiros e motoristas das ambulâncias, entre outros. Eu estava muito feliz em voltar para casa, mas percebia que deixava grandes amigos, pessoas que jamais vou esquecer, pois me trataram com toda a dedicação. Gente que me renovou o sentimento de esperança.

Na ambulância, tentava enxergar minimamente o pequeno trajeto que separava o hospital do aeroporto. Muitos carros e motos da polícia abriam caminho para que não houvesse problemas. Em pouco mais de dez minutos, estávamos na base aérea do aeroporto de Medellín, cercados por oficiais que desejavam se despedir ou nos recepcionar. Sentia que a atmosfera era positiva. Num canto mais afastado, dezenas de jornalistas gravavam ou transmitiam ao vivo a nossa transferência.

Imaginava que toda aquela cobertura jornalística chegaria aos corações de muitas pessoas que torciam para que nos levantássemos. Era a vitória da vida depois de uma tragédia tão marcante. O que me passava pela cabeça era a conquista da vida de seis pessoas que deixaram aquele morro em condições críticas e que voltavam para casa sorrindo.

Olhando em perspectiva, é possível compreender outros fatos que alimentaram a comoção. Trata-se de coisas que me incomodaram como jornalista. Eu entendo que nem tudo o que foi falado ou publicado é verdadeiro. E isso machuca as pessoas. Não foi uma ou duas vezes que disseram que a minha perna estava quebrada. Eu jamais tive nem mesmo uma fissura na perna. Ou então, no afã do primeiro e do segundo dias depois do acidente, falaram que eu havia conversado com a minha esposa por telefone. Eu não conversei com ela naquela oportunidade.

Tínhamos um boletim médico destinado à família, liberado todos os dias, que informava os familiares sobre o que realmente estava acontecendo, para dissipar boatos ou suposições. Essa fonte de informação, entretanto, não chegava ao grande público. Atualmente, encontro as pessoas que rezaram por nós e que, na época, sofreram muito, de repente mais do que os nossos familiares porque não tinham a possibilidade de conversar conosco, ouvir: "Olha, eu melhorei, a pneumonia está indo embora". Em meio à falta de informação do nosso quadro clínico, elas passavam a noite fazendo a gentileza de orar por nós. Mesmo que eu tenha um programa há seis anos em Chapecó, com uma audiência razoável, a maioria das pessoas nunca havia me visto pessoalmente. Elas me ouviam pelo rádio e me conheciam das redes sociais, mas jamais haviam conversado comigo. E muitas outras, ainda, não conheciam nem mesmo o meu nome antes do acidente, e mesmo assim se preocupavam comigo como se eu fosse uma pessoa próxima, um amigo, um parente.

Avalio muito bem, agora, o que aconteceu. No momento do caos, da incerteza e da falta de novidades, os boatos se tornavam notícia. Os desencontros de informações viravam manchetes. As pessoas ficam sedentas de informações. Por isso aquela primeira foto que publiquei na internet foi importante. A minha vontade de dizer que estava vivo era tão grande que eu não pensei na estética da imagem. Eu achava proveitoso naquele momento falar que existia uma vida no meio de tanto sofrimento, pois fazia três ou quatro dias que haviam levado os mortos para Chapecó, para o velório coletivo. Então, fazendo uma autocrítica, eu aprendi a valorizar ainda mais a exatidão. É uma lição que vale não só para os jornalistas, mas para todo cidadão.

Um dos grandes problemas do ser humano é o preconceito. Eventualmente, chegam até nós informações de beltrano e sicrano, nas quais você confia conforme o crédito dado à pessoa que lhe contou. Só que alguns comentam sem saber a história verdadeira. Na nossa vida particular e profissional, também precisamos muito do discernimento: é importante verificar a informação antes de criar certo conceito sobre alguém, de criar animosidades, de gerar rejeição. Desde que voltei, não tive nenhuma relação estremecida por causa de boato ou fofoca, porque as pessoas sabem com quem elas podem falar. Há coisas que não merecem a nossa energia. Deixe o preconceito com quem o espalha. Siga a sua vida, não perca seu foco com isso. O importante é que só você é quem entende da sua vida. O importante é fechar apenas com os seus amigos verdadeiros. E mais ninguém.

Na maioria das vezes acredito que pude passar essa mensagem de reconstrução, fé e esperança. Dentro das nossas limitações, conseguimos passar às pessoas uma mensagem de fé na vida. Foi esse entusiasmo que me acompanhou nos preparativos da viagem de retorno. Entre os presentes estavam membros da Força Aérea Colombiana e da FAB, que faziam de tudo para nos garantir que logo voaríamos para os nossos amigos e o nosso povo. As minhas únicas lágrimas brotaram quando o capitão Muccini, chefe da UTI aérea, me disse: "Vou te levar para ver teu filho". A saudade, naquele momento, tocou fundo.

Eu sou muito nostálgico. Quando assisto ao canal Viva, fico pensando como desenhei a minha vida. Como, aos doze anos, assistindo ao programa do Chacrinha, por exemplo, eu pensava em quem eu seria e como eu seria aos vinte ou trinta anos. Agora tenho 43. Sinto muita saudade do passado, das coisas boas que vivi. Mas essa nostalgia não me faz mal, porque pude constituir uma família, graças a Deus. Mesmo assim, tenho saudade de coisas que fazíamos antigamente. A palavra saudade não me machuca, não penso nela todos os dias. Ela apenas me remete a bons momentos da vida, seja por meio de uma lembrança, seja por meio de uma foto. Que bom que seja assim. O ponto é que a saudade é necessária para nos ensinar lições importantes. Podemos nos voltar para o passado e aprender com as reações que tínhamos a determinadas situações. E, quem sabe, concluir: "Nossa, como eu tinha forças para fazer aquilo, como eu conseguia aglutinar as pessoas, como eu podia ouvir tão atentamente os outros". Essa é uma saudade boa, que não dói.

Ao meio-dia, horário da Colômbia, três da tarde em Brasília, decolávamos do aeroporto no qual deveríamos ter pousado quinze dias antes para a nossa missão. Dentro do avião, sobre uma maca, não senti medo. Poder controlar essa inquietação novamente, mesmo com tudo o que ocorrera, era uma conquista para mim. Duas horas e meia depois, o C99 pousava na Base Aérea de Manaus. Eu já havia saído da maca e me sentado em uma poltrona bem mais confortável. Na capital do Amazonas, a "saudação das águas" foi emocionante. Jatos de água lançados de dois caminhões dos bombeiros cobriram o avião.

Parada rápida, reabastecimento e nova partida rumo a Brasília. Passei o tempo conversando com a tripulação sobre o trabalho humanitário que eles desenvolviam. Levavam o conhecimento obtido para rincões distantes, onde as pessoas estão quase esquecidas. Crianças, jovens, adultos e idosos são premiados por esse grupo de pessoas. É um dom fazer o bem sem olhar a quem. Mesmo que a estrutura não seja a mais indicada, mesmo que a distância possa parecer intransponível, a vida dos brasileiros é a prioridade. Que exemplo para seguir! Guardando as devidas proporções, pensei: "O que fiz, faço ou poderei fazer para o outro?". Servir é um verbo muitas vezes esquecido no nosso vocabulário.

Como já escrevi, quantas coisas poderíamos fazer na nossa rua, no nosso bairro, na nossa cidade utilizando não apenas nossos recursos financeiros, mas também nossa capacidade intelectual? Enfim, precisamos servir sem esperar nada em troca, a não ser o bem-estar das pessoas que nos cercam. Servir é isso, colaborar com os outros dentro das nossas habilidades. Alguns perguntam: "Eu não tenho dinheiro, será que posso oferecer o meu serviço?". Faça isso. Ofereça o seu serviço nos fins de semana ou em algum dia quando estiver de folga.

Ouvir as pessoas também pode ser uma contribuição. A sua habilidade de ouvir pode se transformar em uma aptidão para aconselhar. Façamos a nossa parte neste mundo tão corrido, de tanta competição. Às vezes, nos fechamos no nosso casulo e achamos que já fizemos tudo, mas ainda é possível servir. Como é bom ajudar o próximo, observar a gratidão das pessoas, do mesmo modo que nós gostamos que nos sirvam. Isso é algo que está dentro da gente, mas que muitas vezes precisa aflorar. Assim, teremos uma sociedade melhor.

Na minha profissão de jornalista, eu sirvo a minha comunidade com os meus programas de rádio. Posso aproximar o poder público das pessoas, informar que profissionais ligados a determinada associação vão realizar uma promoção ou buscar voluntários que se reúnam em benefício do próximo. Entretanto, ainda posso fazer mais ao usar essa minha habilidade ou a minha intelectualidade para ajudar com ideias, por exemplo. Repito que não devemos pensar apenas no aspecto financeiro. Existem inúmeras associações e entidades que adorariam usar a nossa criatividade para melhorar o ambiente em que vivemos.

A conversa com a tripulação da FAB tornou a viagem mais tranquila, e, no final da tarde, aterrissamos na Base Aérea de Brasília. Dezenas de jornalistas queriam nos ver e, como não podíamos descer da aeronave, lentes potentes nos focavam dentro do jato. Eu estava na poltrona, com o boné da Força Aérea e a camisa do Atlético Nacional de Medellín, equipe contra a qual faríamos a final e que deu uma lição de solidariedade para o mundo. Então um dos tripulantes veio se despedir, lamentando não poder me acompanhar até Chapecó. O desejo dele era terminar a missão, porém, estava na ativa desde a madrugada e precisava ficar na capital federal. Agradeci por ele estar ali.

Duas horas nos separavam de Chapecó. O comandante informou que poderíamos encontrar alguma turbulência no trajeto. Mais uma experiência que enfrentamos sem problemas. Descansei durante essa parte do percurso e, finalmente, depois de quinze dias, o sonho estava realizado. Pousamos no aeroporto de Chapecó. Acomodado na minha poltrona, tentei avistar os meus familiares pela janela. As autoridades haviam pedido para as pessoas não se deslocarem até o aeroporto, já que sairíamos diretamente da maca do avião para a maca da ambulância. Mesmo assim, muita gente foi nos recepcionar, e os canais de televisão mostravam ao vivo o nosso desembarque.

Estávamos em solo, nos preparando para voltar à maca, quando um dos momentos mais emocionantes ocorreu. A promessa feita pelo chefe da UTI aérea seria cumprida. Quebrando o protocolo, o meu filho, Otávio, foi levado para dentro da aeronave. Conversávamos por telefone no período em que estive internado, mas vê-lo ali, me abraçando, tornou-se uma emoção fabulosa. Como um gigante, o meu pequeno de onze anos me consolava e secava as minhas lágrimas. Depois, chegou a minha mãe, Lidia, e, aos poucos, a minha vida voltava ao normal.

Não consegui ver todos os meus parentes ou as pessoas que estavam num local mais afastado da pista de pouso. No trajeto, o mesmo que fora feito dez dias antes por caminhões que levavam os caixões dos nossos amigos, pessoas buzinavam, gritavam, comemoravam a vida. Claro que esses gestos estavam longe de superar minimamente a tragédia do dia 29 de novembro, mas eram uma espécie de alento. Quando chegamos ao hospital, não sabíamos como reagir. Centenas de pessoas gritavam como se eu fosse um jogador, cantavam o hino da Chapecoense, gritavam palavras de incentivo. Imediatamente fui levado para o quarto para mais sete dias de internação. Pronto. Um dos grandes momentos da minha recuperação estava começando. A nossa mensagem de esperança havia sido compreendida.

Tempo de serenidade

Nos dias de internação no hospital, convivi com sentimentos e sensações distintos — solidariedade, esperança, fé, humildade, medo, coragem, dor, apatia, motivação, saudade, gratidão. A ansiedade foi outra sensação que me acompanhou em diversos momentos. Eu era, como todo jornalista, muito ansioso, por uma série de motivos. Você acorda de madrugada, e a insônia o induz a pensar em alguma coisa: em uma conta para pagar no outro dia, um encontro profissional que gera nervosismo, uma viagem. Eu tinha muito essa tendência de alimentar a agenda do outro dia. Isso me desgastava, porque desviava o meu foco do descanso para as preocupações. Assim, dormia pouco e, automaticamente, o dia seguinte era prejudicado, pois sempre acordo muito cedo, já que o meu programa na rádio começa às sete da manhã.

Depois do acidente, consegui equilibrar a ansiedade. Já acordei em algumas madrugadas, mas não perco mais o sono por causa do outro dia. Consegui estabelecer que aquilo que é para ser, será. Jamais protelarei a resolução de um problema, nem deixarei para depois de amanhã o que posso fazer amanhã, entretanto não vou mais exagerar no foco, não vou perder energia com isso. Se eu tiver um compromisso sério, na hora certa vou cumpri-lo. Lembro os programas de TV e rádio em rede nacional dos quais participei após a volta para casa. Não fiquei aflito em contar a minha história porque sabia que não adiantava pensar naquilo antes de o programa ir ao ar. Eu também não tinha um discurso pronto. Tudo fluía de forma natural. Desde então, essa mudança de atitude tem me ajudado bastante.

Sinto que, após ter sobrevivido ao acidente, estou mais tranquilo, mais sereno na hora de equacionar os problemas e dimensioná-los de acordo com a escala que eles realmente têm. E isso em todos os quesitos da minha vida. Acho que o pior que poderia me acontecer já aconteceu naquele 29 de novembro.

Muitas vezes, criamos atritos no trabalho ou em casa sem necessidade. Transformamos um copo d'água em tempestade sem pensar. Essa experiência me deixou mais tranquilo em relação à minha vida profissional, mesmo que não tenha conseguido reduzir minha carga horária. Durante o tratamento, como já contei, me propus como meta voltar à rádio quarenta dias depois do acidente. Eu achava que regressaria logo para casa, e me decepcionei muito quando soube que ficaria vinte ou trinta dias no hospital.

Gradativamente, eu entendi que a minha recuperação exigia tempo e calma. Que teria que combater a pneumonia no primeiro momento e depois cuidar das costelas fraturadas — que calcificaram sem cirurgia, felizmente. Assim que entendi o processo e foquei no tratamento, a minha recuperação foi acelerada. Deixei a ansiedade de lado porque passei a acreditar que notícia boa chama outras notícias boas. Conviver em um ambiente feliz faz você feliz. Se você levar a felicidade aos outros, vai receber a felicidade. Assim, não tive qualquer revés no meu tratamento, nem uma vez. Os médicos identificaram a bactéria e me deram o antibiótico certo, conseguindo acabar com a pneumonia. Fiquei muito feliz com isso, porque era uma batalha que eu tinha contra a inflamação nos pulmões. Quando a pneumonia se foi, eu sabia que não corria mais risco de morte.

É frequente dimensionarmos demasiadamente os problemas. Nós nos preocupamos muito com eles e esquecemos a solução. Eu comecei a ter outra visão das dificuldades, a pensar que nada é insolúvel. Nada é impossível, só a morte não tem volta — e, se pararmos para pensar um pouco, nós estivemos quase mortos e voltamos. Depois que você vive uma experiência dessas, percebe que um problema não é o final de tudo. Fiquei muito relaxado a respeito dessa questão sobre o dimensionamento dos obstáculos porque isso só tira o nosso foco, nos faz gastar uma energia que não precisamos gastar.

Por exemplo, atualmente assumimos muitos problemas que não são nossos. As redes sociais nos levam a conflitos que não nos pertencem, que estão muito distantes do que realmente importa para nós. Com a própria tragédia da Chapecoense foi assim. Havia pessoas que conheciam passageiros do avião, outras não. Mas o mundo inteiro se comoveu, foi uma tragédia que se tornou do mundo. Não há nada de errado nisso. Mas não existe problema maior do que perder alguém que amamos ou estar internado em estado grave. O restante, nós podemos dimensionar, podemos controlar. Apenas a morte foge do nosso poder.

Nem sempre um ser humano consegue se manter sereno durante as 24 horas do dia. A ideia é saber controlar o que acontece fora da curva. Temos que saber controlar para não agredir. Eu era muito explosivo, fosse no trabalho, em casa ou durante os jogos de futebol que narrava. E não só quando eu perdia o controle da situação, mas também em questões simples, por qualquer coisa. Hoje, já estou bem menos explosivo. Claro, eu não vou perder uma carga cultural de 43 anos. Eu carrego isso desde sempre. Mas estou aprendendo a me controlar. Minha esposa me aconselha a não gastar energia com certas coisas, nem ficar irritado com determinados assuntos. Porque isso não leva a lugar algum. Ela tem razão.

Em geral quando explodimos, nos arrependemos depois. Porém, quando nossa consciência pesa, já causamos algum estresse a outras pessoas. Precisamos contar até dez para evitar estragos maiores. Mais uma vez, repito: gentileza gera gentileza. Acho que a nossa vida é assim. Às vezes, é óbvio que recebemos muitos ataques, que parecem vir de todos os lados, e ninguém quer perder o embate. Uma vez postei um vídeo de um pessoal fazendo uma gozação com o Figueirense, que tinha caído para a segunda divisão do Campeonato Brasileiro, e fui muito criticado pelos torcedores do clube. Em determinado momento, uma torcedora me enviou uma mensagem pedindo desculpas pelas críticas. Eu disse a ela: "Eu não guardo rancor de ninguém e não quero mais causar rancor". Sou jornalista, dou opinião, mas não quero chatear as pessoas. Não preciso disso.

A serenidade de que falo passa também por evitar ser o causador do problema. Não adianta você evitar os conflitos, mas mesmo assim causá-los. Devemos reconhecer que também somos geradores de problemas. Depois dessa experiência, eu comecei a compreender a importância de ser um cara mais paciente e mais sereno, independentemente de o sangue ferver por um motivo ou outro. Precisamos ter a serenidade de escalonar as dificuldades que temos, mas também evitar sermos os geradores. Acabamos fazendo para os outros coisas que não gostaríamos que fizessem para nós.

Desde que voltei ao trabalho, sinto que, para mim, o ambiente é muito leve. Antes, talvez, eu potencializasse algum ruído na comunicação entre colegas. Ou superdimensionasse uma discussão. Eu não contribuo mais para que se dê um valor desnecessário aos pequenos problemas no trabalho. Muitas vezes eu era arredio com as pessoas. Depois de tudo o que se passou, compreendo que todos me ajudaram. De uma maneira ou de outra, aquelas pessoas rezaram por mim, usaram o tempo delas, convergiram para a minha recuperação e para a dos outros cinco sobreviventes. É uma obrigação que eu tenho com elas. A tragédia me aproximou muito das pessoas.

Eu não prolifero mais possíveis discórdias que existam e que não me interessam. Às vezes, somos lançados dentro do problema e acabamos também proliferando esse problema, tornando tudo maior. Agora, me excluo de qualquer situação de intriga. O meu negócio é apaziguar. É uma tarefa fácil? Não sei. Como eu escrevi, tenho que passar por cima de 43 anos de carga cultural. Depois do acidente, fiquei muito paciente com tudo, tanto nas minhas relações pessoais quanto no trabalho. Evidentemente, na minha profissão, enfrento muitas questões polêmicas, que me levam a opinar. Portanto, sempre que há um embate com opiniões divergentes, mas deixo que a desavença permaneça apenas no campo profissional. No relacionamento cotidiano com as pessoas, estou muito mais tranquilo.

A serenidade vem dessas atitudes. É algo que podemos aprender. Digamos que, no final das contas, 90% da serenidade se deve ao autocontrole, algo que é adquirido com extrema dificuldade. Precisamos parar e respirar antes de reagir perante determinados períodos de estresse, em casa, no trabalho, na rua, em qualquer local. Por exemplo, eu tenho muito cuidado nas transmissões da rádio, gosto de estar com tudo perfeito. No primeiro jogo da Chapecoense na minha volta, contra o Palmeiras, houve um problema. O sinal não entrou no ar. Em outras épocas, eu enlouqueceria, porque todo mundo está ouvindo a rádio. Se você não tem a transmissão, ninguém ouve. As pessoas trocam de estação. E de fato deu problema. Eu consegui controlar tudo com calma, chamar o técnico e esperar entrarmos no ar novamente. Em outros tempos, seria uma coisa que me deixaria louco. Ainda gosto de ter tudo sob controle, mas com um nível de tensão bem menor. A gente aprende a ter calma.

Acho que o período em que passei internado no hospital me ensinou a ter tranquilidade e calma, saber que tudo se resolve com o tempo. Naquela oportunidade, eu não ia sair em cinco dias, como cheguei a pensar. Tive que prolongar o meu tratamento. Portanto, com o tempo tudo vai se resolver, com o tempo tudo se resolveu e com o tempo tudo está se resolvendo. Isso é fantástico. Algumas vezes, nos decepcionamos por algum motivo. Eu fiz uma cirurgia no pé, que infeccionou posteriormente, e tive que fazer outra em Chapecó. Quando você for se decepcionar, lembre-se que está vivo. Quantas das 71 famílias não gostariam de ter seus parentes passando por uma nova cirurgia no dedo do pé? Você está vivo, você está respirando, você tem a chance. E alguns se entregam.

Fiquei decepcionado quando vi o raio X e soube da necessidade da segunda cirurgia. Mas pensei: "Puxa, eu estou vivo". Isso não era nada perto do que eu passara antes. Então que seja. Se eu tivesse que ficar mais trinta dias no hospital, ficaria mais trinta dias. O que mais eu queria? Eu estava vivo. Iria melhorar a minha qualidade de vida com a operação? Sim, iria melhorar dali a trinta dias, que fosse, não havia problema. Não estava com pressa. Só que, como a minha recuperação lá na Colômbia foi muito rápida, fiquei tentado a achar que tudo tinha de ser na mesma velocidade. Os médicos falaram que a minha cicatrização é muito rápida. Eu me decepcionei por voltar para a mesa de cirurgia? Não. Eu pensei nas outras 71 famílias, que gostariam de ter ao seu lado os seus maridos, os seus irmãos, os seus amigos, para fazer uma cirurgia do dedo mindinho. Eles teriam que voltar para a mesa de operação, mas estariam vivos. É duro falar sobre isso, porque nós vivemos um momento terrível, mas é um sentimento. Não dá para reclamar de nada.

A relação entre as pessoas já é complicada por si só, portanto não devemos complicar ainda mais. Precisamos compreender o momento. Assim como você tem de escalonar os seus problemas para resolvê-los, também não pode superdimensionar os problemas que leva para os outros. Com 43 anos de idade, tenho toda uma vivência que me permite auxiliar na resolução desses problemas, a ser duro quando necessário, seja em casa, seja no trabalho, mas sem causar um incômodo maior do que o necessário. Obviamente, você tem de administrar as relações humanas, porém, quando precisar discutir um assunto que seja mais áspero, precisa parar e pensar um pouco mais.

Hoje, estou pensando mais, verificando quais argumentos eu posso usar sem causar danos. Em primeiro lugar, porque se as pessoas são conhecidas, é uma coisa. Quando são desconhecidas, é outro caso, pois elas têm, de repente, uma impressão diferente de você. A solução é calibrar a força para não transformar um problema pequeno, como uma discussão banal ou um post que o desagrada em uma rede social, em algo gigantesco, por mais que você seja instigado a isso. Estou passando por essa fase de sempre analisar, de evitar causar transtornos por motivos sem importância. Eu não era assim. No passado, quando conversava com alguém, uma voz sempre superava outra voz, que por sua vez superava a outra voz. E ninguém tinha razão. As pessoas não ouviam. Se eu vejo que a discussão não conduz a lugar algum, não é difícil deixar de discutir, por mais que eu pudesse avançar um pouquinho mais no meu ponto de vista. Acho que a melhor atitude é contar até dez, deixar para a próxima e evitar a criação de uma dificuldade maior. Repito, porém, que isso não significa protelar decisões que se mostram necessárias para a nossa vida.

Algumas dessas decisões exigem que sejamos duros. Se a rádio sair do ar, por exemplo, tenho que cobrar da equipe técnica o restabelecimento do sinal. Precisamos entender que, na vida profissional, nós temos responsabilidades. Existe uma cadeia dentro da empresa, na qual cada um tem as suas obrigações. Evidentemente, devemos indicar essa responsabilidade para os outros de uma forma adequada, não com gritaria, nem com rebaixamento. Há diversas maneiras de dizer a mesma coisa sem criar um atrito desnecessário ou sem superdimensionar uma circunstância que pode ser facilmente resolvida.

Na Chapecoense, seguia-se o seguinte mote: "Do presidente ao roupeiro, todo mundo tem a mesma importância". Por isso, entre outras coisas, o clube se consolidou nessa humilde equipe que chegou tão longe. Acho que é um bom exemplo a ser seguido, até mesmo pelas grandes corporações. Antigamente, vivíamos um regime um tanto ditatorial em determinadas empresas. Aonde isso nos leva? Nos dias de hoje, todos precisam saber o que devem fazer, quais são as suas obrigações, mas a diferença é que a humildade para reconhecer o esforço das pessoas é cada vez mais valorizada. Uma coisa é ter a hierarquia do trabalho, outra é saber ser humilde na hora de elogiar, de parabenizar algum trabalho bem-feito. E medir as palavras quando for necessário cobrar. Essas atitudes nos ajudam a evitar um problema muito maior do que aquele que já existe.

Muitos amigos meus acompanham o programa na rádio. E eu sempre digo que se alguma crítica geral, não pessoal, atingir algum desses amigos, e ele ficar irritado comigo, ele não é meu amigo de verdade. Ele não compreende que eu tenho uma profissão com certos atributos. Preciso fazer comentários, usando a minha carga cultural, a minha intelectualidade, muitas vezes baseado em tudo aquilo que leio. São diversos os casos nos quais preciso fazer comentários que podem agradar ou desagradar as minhas amizades. Eu preciso falar, porque o jornalismo deve trabalhar com a coletividade.

Dou um exemplo. Por mais que eu tenha amigos donos de bares e restaurantes em Chapecó, não posso achar normal que eles lotem as calçadas de mesas e cadeiras. O código de posturas do município proíbe. Então não vou deixar de tratar disso na rádio, pois a mobilidade da cidade é interesse da coletividade. E já ocorreu de, algumas vezes, eu ser olhado com ingratidão. Tenho que trabalhar a favor da coletividade, pois a denominação da minha profissão já diz tudo: comunicador social. Os jornalistas em geral tentam melhorar a vida das pessoas. Do contrário, o nosso trabalho, de acordo com o jargão, não passará de perfumaria. Nós, entretanto, resolvemos muitos problemas que são incumbências dos vereadores, por meio da força do programa e da emissora, conseguimos arrumar ruas, acelerar obras, resolver problemas em escolas etc. Por mais que eu seja sereno, a minha profissão exige que eu assuma uma postura um pouco diferente daquela que tenho na minha vida particular. Devo seguir os atributos de um jornalista, de um formador de opinião.

* * *

Jamais havia tido noção do que é o tempo. Eu era muito acelerado, tinha mil coisas toda hora na cabeça. Pensava nos programas da rádio, nas minhas viagens para narrar partidas de futebol, na concretização de outras ideias. Eu ainda não consegui voltar a ser esse cara porque o meu tempo realmente mudou. Como já falei, as coisas assumiram uma faceta mais tranquila para mim. Entendo a situação, sei que uma parada nesse ritmo é necessária, mas não sei se vou continuar desse jeito. Eu só não sinto ansiedade, sei que tudo vai acontecer ao seu tempo. Talvez eu volte a fazer o que sempre fiz, de repente com mais tranquilidade na organização da minha agenda cotidiana. Precisamos respeitar os momentos de transição na vida. Respeitá-los para voltar à nossa rotina normal o quanto antes.

Pulei etapas no tratamento, por exemplo. E só porque eu quis. Dois meses após o acidente, eu estava voando de novo, dirigindo, calçando tênis. Eu havia feito uma cirurgia no pé que infeccionou, como já contei. Achava que tudo ia bem porque tomava antibióticos, que iria melhorar. Só que não melhorou. Tive que voltar a me internar. No entanto, essa foi mais uma das oportunidades incríveis que a vida proporciona para a gente. Eu quis viver naqueles primeiros sessenta dias o que eu não vivera durante toda a minha vida. Quis recuperar os 21 dias de internação e os quarenta dias que fiquei sem trabalhar. Sentia que todos desejavam me ver bem. Por isso visitei amigos, dei entrevistas em programas de televisão, participei de transmissão de futebol. Acredito que a minha grande conquista foi levar essa mensagem para as pessoas — uma mensagem de vida. Então, que tenha sido esse o custo, é maravilhoso. Se o preço a pagar foi um pequeno retrocesso no meu tratamento, fico feliz demais. E valeu muito a pena.

Uma regra sem exceção

Sabendo que a queda do avião resultou de uma sucessão de erros, penso como na nossa vida cotidiana vamos cometendo alguns enganos fatais. Obviamente, não chegarão à mesma gravidade do acidente. Falo de erros comuns. Por exemplo, posso falar: "Hoje eu vou andar sem cinto de segurança". Não acontece nada de ruim, então já digo: "Amanhã eu vou andar sem cinto de segurança". Na próxima oportunidade, decido: "Ah, vou andar sempre sem cinto". Ou a pessoa trabalha em uma obra de construção civil e resolve não usar os equipamentos de proteção. Faz isso um, dois, três dias. O quarto dia pode não existir mais. Vai chegar uma hora em que a exceção vai cobrar o seu preço. A exceção não pode se tornar uma regra.

Outra hipótese: em um hospital, os enfermeiros realizam procedimentos sem luvas. Hoje podem passar ilesos. Eles continuam confiantes, e amanhã podem se safar sem danos. Ficam mais confiantes ainda e, no dia seguinte, sofrem uma contaminação. Foi o que aconteceu com o avião. O piloto tornou a exceção uma regra. A todo momento, ele viajava no limite da autonomia de combustível. Naquele 29 de novembro, a aeronave não conseguiu chegar. Ela pousava com dez ou quinze minutos de autonomia em alguns outros voos, mas, naquela noite, não teve êxito.

Guardadas as devidas proporções, muitas vezes na nossa vida nós fazemos algo que não seria considerado correto, mas hoje acaba dando certo. Repetimos o ato no dia seguinte e tudo dá certo mais uma vez. Chega uma hora em que pagamos o preço, porque a exceção não pode virar uma regra. Só que, no caso do piloto, virou. Ele achou que conseguiria chegar a Medellín no limite do combustível. Deve ter realmente chegado uma, duas, três vezes, até que ceifou a vida de setenta pessoas, além da dele. No caso de muitas profissões, isso também vira regra. Tive essa percepção com o meu primeiro exemplo, sobre o cinto de segurança, um detalhe importante que ajudou a me salvar na queda do avião. A exceção não pode virar uma regra nunca. Regra é regra.

Por que atravessar fora da faixa, que é uma exceção, e correr o risco de ser atropelado por um motociclista que está rodando em um corredor da rua? Na faixa de pedestres, isso poderia não acontecer. É típico do ser humano — e do brasileiro, particularmente — tentar levar vantagem. E a vida é um sopro, companheiro, a vida não passa de um sopro. Quem diria que nós perderíamos um time de futebol inteiro? Quem diria que, de 22 jornalistas, radialistas e técnicos, só eu sobreviveria? E tudo isso devido a um erro cometido por poucos.

Não é difícil identificar se a nossa regra é, na verdade, a exceção. Primeiro, nós já temos condutas estabelecidas para diversas situações — em cada profissão, por exemplo. Se você trabalha no décimo andar de uma construção e sabe que tem que usar todos os equipamentos de segurança, por que não vai usá-los? Se você trabalha em um hospital, por que vai deixar de pôr as luvas durante um atendimento? Você sempre atravessa a rua fora da faixa de pedestres. Uma, duas, três, dez vezes. Será que vai atravessar pela vigésima vez?

Por engano, agimos de forma incorreta em certas ocasiões, mas jamais podemos dar continuidade a esse hábito. Jamais. Seja em casa, seja no trabalho, seja na rua. A expressão *pagar pelo erro* tem várias interpretações, conforme o tamanho da tragédia, do acidente, da nossa vida. Eventualmente, nós nem percebemos o erro. Até que sofremos as consequências dessa exceção. Na nossa vida, é assim o tempo todo. Visitar familiares e amigos, por exemplo, deveria ser uma regra, não uma exceção. Mas prometemos: "Ah, vou na semana que vem, vou no mês que vem, vou no Natal". E estamos na mesma cidade, sem saber o que está acontecendo com eles, se estão necessitando de alguma coisa, precisando de um apoio. E continuamos repetindo: "Não fui nesta semana, vou na próxima. Tudo bem, tenho algo mais importante para fazer". Quando percebemos, a exceção de não visitar se tornou uma regra, e nós já não mais convivemos com nossos familiares e amigos. E a vida, muitas vezes, não dá uma segunda chance. Nós não nos despedimos, não demos um abraço, não ligamos — e de repente acabou. Deixamos um vácuo nessa relação.

Então por que deixar para amanhã? Por que deixar para a semana que vem, se você pode fazer hoje o amanhã? Não deixe a falta de relações tornar-se uma regra. Não deixe de conversar, de se inteirar do problema dos outros. Porque as pessoas querem você por perto pela segurança da sua presença, pela amizade que têm por você, por uma questão familiar. Os motivos são tantos! Elas querem a sua presença, sentem-se fortes e seguras ao seu lado, gente que gosta de você e da qual você se afasta, às vezes, inconscientemente. Você priva as pessoas da sua presença quando poderia fazer tão bem a elas. É um sentimento tão forte. Quantos não puderam se despedir? Quantos problemas poderiam ser resolvidos com um telefonema, com um carinho, e ficaram para trás? A oportunidade não volta.

As relações pessoais são muito difíceis. Muitas vezes não destinamos a devida importância para determinadas situações. O adeus que você não deu, a despedida brigada. Você simplesmente não se despediu do seu pai, da sua mãe. Você não falou com eles. E a vida vai passar. De repente a gente sai e não volta. As coisas ficam pela metade e não há mais como resolvê-las. Nós criamos problemas familiares que poderiam ser completamente evitados e que depois não conseguimos mais solucionar.

Quando eu voltei da Colômbia, senti a união da minha família. Em uma crise como essa, o pessoal se aproxima mais. Primos, tios mais distantes. A minha mãe mora em uma casa a dez metros da minha, e eu ficava um mês, frequentemente, sem vê-la. Só por causa da correria da vida. E a situação era parecida com o meu próprio núcleo familiar, com a minha esposa, o meu filho, que não por acaso protagonizou uma passagem maravilhosa logo que foi avisado do acidente: ele dizia que o meu coração batia no peito dele, que eu não estava morto, que ninguém precisava se preocupar. Depois, veio a confirmação pela TV de que eu estava vivo.

Nos primeiros meses em Chapecó, foi um pouco mais complicado retribuir as visitas. Eu estava me recuperando do pé ferido no acidente, passei por uma segunda cirurgia e fiquei com menos mobilidade. Porém, apesar de todo o alvoroço, consegui administrar melhor o meu tempo, porque sei que as pessoas gostam, as pessoas querem estar perto. Quantas vezes não relevamos o que os outros sentem? Ficamos no nosso casulo, indo para lá e para cá, e acabamos nos afastando das pessoas. Sem querer. Você não determina: "Vou me afastar da minha família". Não. É inconsciente. Você coloca outras prioridades na sua vida, e isso interfere. De repente, você vai embora sem poder ter tido outra oportunidade de falar, de conviver.

Sempre vivemos muito bem, muito próximos, na minha casa. Felizmente, um pouco antes do acidente, eu estava mais zen, mais tranquilo. Não deixei nada para trás. O que eu estava deixando para trás era a possibilidade de conviver mais com os meus. Eu não ia à casa do meu sogro, sempre estava com dificuldade de tempo. Eu não ia à casa da minha mãe, como já contei. Depois de tudo, nos unimos muito mais, porque sabemos que temos pessoas que gostam de nós, que nos querem bem. Todo mundo tem pessoas assim. A lição é que você não pode se afastar. Não estou falando da distância territorial, mas da distância sentimental.

Repito: a vida é um sopro. Muitas vezes nos esquecemos de viver por causa do nosso trabalho, das nossas obrigações. Só que isso não é viver, mas sim sobreviver. Viver é outra coisa. Sobreviver é o que a gente faz todos os dias, sem nem nos dar conta. Viver é um pouco diferente. Ter vida é um pouco diferente. Quem sabe todos nós, com um pouco de tranquilidade e reflexão, possamos viver, ter uma vida plena, e não apenas sobreviver. Temos que viver, viver e viver. Porque, se você não tiver tempo para estar com alguém de quem você gosta, perdendo-se todos os dias no ritmo casa-trabalho, trabalho-casa, você estará apenas sobrevivendo. Você precisa trocar energia, precisa ter a oportunidade de viver. E isso não está condicionado a dinheiro, não. Está condicionado a você mudar de postura diante da vida, estar com quem você gosta, reunir os amigos. Do contrário, se não pararmos com esse círculo vicioso que a vida nos oferece, continuaremos apenas sobrevivendo.

O MILAGRE EXISTE

Eu acho que tenho que acreditar em destino, não em coincidências. Não acredito que coincidências, como números, nomes ou planetas, levaram ao acidente. Não acredito em nada disso. Porque só houve dois problemas interligados, que foram a irresponsabilidade e a falta de combustível. Mas o meu destino estava traçado quando eu sentei naquela poltrona da penúltima fileira. Eu troquei quatro vezes de lugar durante o voo. Poderia estar sentado em qualquer outro assento da aeronave. No entanto, troquei quatro vezes de lugar até sentar naquele que me salvou. Se estivesse em outra poltrona, com outros amigos, talvez eu estivesse morto. O meu destino era sentar naquela fileira, para conversar com uma determinada pessoa, o Renan, que não queria que eu sentasse no canto, na última fileira, porque o Messi tinha se acomodado ali em uma viagem que a seleção argentina fizera anteriormente no mesmo avião da LaMia. Por isso, sentei no meio. Veja só.

São várias correntes de pensamento das quais as pessoas se alimentam. Elas têm de acreditar em alguma coisa, que a missão de todos já estava completa na Terra, ao contrário da minha.

Outros acreditam que todos já nascem com um projeto definido. Então o meu destino era estar aqui hoje, poder falar, contar a história do que realmente aconteceu, que pode mudar a vida de muita gente. Precisamos acreditar, ter fé, nos agarrar a alguma coisa, porque não dá para largar a vida. Só temos uma.

Quando estamos numa situação como aquela, percebemos como é bom viver. Como é bom estar vivo, como é bom poder abraçar o seu filho e a sua esposa, como é bom poder sair com a sua família, como é bom poder rever a sua mãe, como é bom voltar. Atos que nós naturalizamos durante a vida, com os quais deixamos de nos importar. Penso na situação típica de alguém que olha para trás quando sai e, de repente, nunca mais verá aquelas pessoas. Nós saímos de São Paulo em um grupo feliz composto por 77 pessoas e apenas seis entre nós voltaram com vida para o Brasil. Quantos abraços não foram dados, quantas brigas não foram resolvidas, quantas discussões ou picuinhas bobas não ficaram no ar? Quantas coisas foram deixadas para trás por todos? Então, agora temos a possibilidade de evitar que esse quadro se repita.

Muitos me perguntam qual é a minha missão. Todos têm uma tarefa a cumprir na vida. A minha é espalhar que o milagre existe, que as pessoas precisam acreditar em alguma coisa, que não podem se entregar. Há gente que estava ou está melhor do que os sobreviventes do acidente e decidiu se entregar. Precisamos acreditar. Depende mais de nós do que dos médicos, no nosso caso. O nosso pensamento positivo é fundamental não só para a resolução de problemas, mas para nós mesmos sobrevivermos.

Um ouvinte me falou: "Rafael, estou aqui escutando a rádio e fazendo hemodiálise". Pô, melhoras, e graças a Deus que você tem a possibilidade de fazer a terapia, porque há pessoas que não têm essa chance. Eu fui ao programa *Encontro com Fátima Bernardes*, na TV Globo, sete semanas após o acidente. Como já disse, não tenho nenhum discurso pronto, não chego às entrevistas com nada estabelecido. Inclusive, falei tanto durante esse programa que nem lembro direito o que eu disse. Depois, quando abri o meu perfil no Facebook, havia mais de cem mensagens para ler.

Acho que devemos ter um controle muito grande com a notoriedade que esta história nos trouxe para que isso não nos influencie. Somos pessoas comuns, que passaram por uma terrível tragédia e sobreviveram a ela. Para muitos, independentemente de suas crenças, nós somos um milagre. Por mais que eu não tenha a pretensão de ser um escolhido por Deus, as pessoas me olham e veem em mim a materialização de um milagre. E elas querem estar perto desse milagre. Elas querem tirar uma foto, dar um abraço, porque também acompanharam todo o processo. Elas rezaram, torceram e se emocionaram.

Como sou um jornalista que está no ar há seis anos em Chapecó, à frente de um programa que tem uma extrema audiência, fui lembrado por muitos ouvintes quando chegou a notícia da queda do avião, pois eu já havia mencionado no ar que estaria no voo da Chapecoense. Assim, logo se criou uma grande comoção. Sei que aquela corrente de oração e de fé formada no Brasil, na Colômbia e no resto do mundo foi determinante para a nossa sobrevivência. Acredito piamente nisso.

Quando as pessoas me falam de milagres, eu sempre lhes digo: "Não deixe de acreditar. Tenha fé. A gente não pode se entregar na primeira dificuldade". Porque alguns estão com problemas bem menores do que nós tivemos lá na Colômbia e se entregam pelas mais diversas razões. Cada pessoa reage de forma diferente aos estímulos, às situações. Somos indivíduos. Nenhum ser humano é igual a outro. Precisamos acreditar que é possível fazer uma hemodiálise e sair sadio do tratamento. Acreditar que é possível cair de moto, quebrar uma perna e voltar a caminhar.

Acreditar é o verbo. E sem nos esquecermos do apoio da família e de todas as pessoas que nos querem bem, que é muito importante nesse momento.

E a importância desse apoio não é balela, não é um mero artifício de jornalista para falar bonito. É fundamental saber que você tem alguém que está ao seu lado. Quando eu tive uma família de milhões de pessoas, foi espetacular. Como já contei, eu chegava a fazer fisioterapia de madrugada no hospital. Sempre que eu lia aquelas mensagens de positividade que chegavam, parece que elas me davam mais energia. Então eu repetia os exercícios para a perna e o pulmão que a fisioterapeuta me ensinara durante o dia. Tudo foi contribuindo. A persistência resultava em uma notícia boa a respeito da minha recuperação, que chamava outra notícia boa. Isso fez o esforço valer mais a pena. E aí fui melhorando.

De todas as situações nas quais eu penso, uma que sempre me vem à cabeça é a incompreensão do que ocorreu conosco. É contra a lógica você sobreviver no meio daquela tragédia. Graças a Deus, eu fui um desses sobreviventes. Penso nisso o tempo todo, pois tudo ainda é muito recente. E, além disso, vira e mexe estou revivendo os detalhes daquele dia. Estou escrevendo esta história e ainda tem as conversas com os advogados, que me fazem invariavelmente pensar em tudo o que aconteceu. De repente, se eu não tivesse nada neste momento que me fizesse externar o que estou sentindo, eu não pensaria. Porém, quando me lembro das pessoas mortas, sou acometido por um sentimento de tristeza. O que eu mais penso, entretanto, não é no avião, é no acidente em si. Nós já conhecemos essa parte. Penso mais no que me fez estar aqui e qual é a missão que isso acarretou. E isso não acontece porque sobrevivi a um grave acidente. Todos nós temos uma missão, basta acreditarmos em alguma e fazer valer, seja para ajudar alguém, seja para manter a alegria do ambiente, seja para ter amor ao próximo. Essa é a nossa missão.

Última foto tirada do avião da LaMia, momentos antes da decolagem. Santa Cruz de La Sierra, Bolívia, 28 de novembro de 2016.

Minha última foto com o colega de emissora, Renan Agnolin. Aeroporto de Guarulhos, 28 de novembro de 2016.

No estádio do Palmeiras com a equipe da Rede Globo, incluindo Arnaldo Cezar Coelho, meu ex--diretor na afiliada TV Rio Sul, no último jogo da Chapecoense antes do acidente, 27 de novembro de 2016.

Com minha esposa, Jussara Ersico, no CTI da Clínica San Vicente. Rionegro, Colômbia, dezembro de 2016.

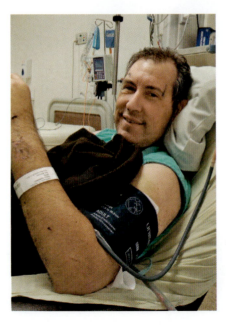

A foto, tirada no CTI da Clínica San Vicente, que atraiu uma corrente de carinho e solidariedade nas redes sociais e fez com que eu mesmo acreditasse que a recuperação seria possível, dezembro de 2016.

Funcionárias da Clínica San Vicente, que sempre me trataram com extremo carinho e fizeram de tudo para amenizar o sofrimento e a saudade de casa, dezembro de 2016.

Dra. Adriana, uma das diretoras da Clínica San Vicente, que me disse uma frase da qual jamais me esquecerei: "Para trás, nem para tomar impulso", dezembro de 2016.

Equipe da Clínica San Vicente e voluntários que nos auxiliaram nos quinze dias que passamos na Colômbia, momentos antes do retorno para o Brasil, 13 de dezembro de 2016.

Voltando para casa no avião da Força Aérea Brasileira, 13 de dezembro de 2016. Na foto, os paramédicos que zelaram pelo nosso conforto e integridade durante todo o trajeto e, ao fundo, o jogador da chapecoense Alan Ruschel.

Fé e gratidão no tão sonhado retorno para casa, 13 de dezembro de 2016.

Com dona Ilaídes, mãe do saudoso goleiro Danilo, no hospital em Chapecó, 18 de dezembro de 2016.

Primeiro passeio com meu filho, Otávio, dezembro de 2016.

Família finalmente reunida próximo ao Natal, dezembro de 2016.

Com os sobreviventes brasileiros e o técnico Tite, da seleção brasileira, no Jogo da Paz. Estádio Nilton Santos (Engenhão), Rio de Janeiro, 25 de janeiro de 2017.

No estúdio da RBS TV, em companhia dos colegas Cleiton Cesar e Eveline Poncio, comentando sobre a atuação da Chapecoense na Libertadores da América, 15 de março de 2017.

Presente do Palmeiras, um dos times que mais auxiliou a Chapecoense na reconstrução da sua equipe, março de 2017.

Jantar com os sete médicos chapecoenses que cuidaram de nós na Colômbia. Foi nosso primeiro encontro em terras brasileiras, março de 2017.

Com o jogador Neto em seu primeiro treino em campo com a Chape após o acidente, 12 de abril de 2017.

Com o prefeito de Medellín, Federico Zuluaga, em visita a Rádio Oeste Capital FM, onde contou sobre o meu resgate: "Eu estava lá. No meio de tanta tristeza, encontramos um motivo pra sorrir", abril de 2017.

Deus não vai nos pedir nada, mas nós podemos fazer mais. E, mais uma vez faço questão de repetir: nada disso está relacionado a dinheiro. Você pode fazer muito com nada. Quantas pessoas a gente vê por aí, felizes da vida com um parco salário mínimo, morando em uma residência extremamente humilde. Elas vivem com dificuldades, é fato, mas são felizes. Diferentemente de outros que correm atrás de uma felicidade que nunca alcançam, que se mudam para um bairro de classe mais alta e se matam de trabalhar apenas para ter ainda mais status. Vão trabalhar a vida inteira para tentar alcançar essa felicidade. E nunca encontrarão a satisfação. Imagino que a lição seja esta: que a gente tem de encontrar a felicidade nas pequenas coisas.

Logo que comecei a circular por Chapecó, visitei algumas viúvas com as quais eu tinha contato para lhes falar para que não se preocupassem, que não houve sofrimento no avião. Contei que as pessoas não ficaram agonizando, não houve gritaria, não houve pânico como algumas notícias relataram. Aconteceu uma batida, algumas pessoas acordaram, outras não. Essa foi a minha primeira missão: tranquilizar as pessoas. Confortar. Falei isso na rádio também. Porque havia muitas teses sobre o momento do acidente. Nós, como estávamos lá e vivemos isso, podemos afirmar que não houve nada, absolutamente nada demais. O avião bateu, as pessoas dormiam, seis acordaram, outras 71 não acordaram mais. Isso tranquilizou muita gente que achou que houvera confusão, que os passageiros tinham se levantado em desespero. A tripulação não realizou os procedimentos de segurança. Eles nem sabiam o que estava acontecendo, porque o piloto não falou nada.

Havia dois Rafaéis, o fisioterapeuta Rafael Gobbato e eu, entre os passageiros do voo da Chapecoense. Na primeira lista de sobreviventes divulgada, constava apenas o nome Rafael. Seis horas depois é que confirmaram o sobrenome. Na homenagem que fizeram na cidade, semanas depois, houve um momento muito impactante para mim. A mulher do Gobbato veio falar comigo. Ela se apresentou e me falou: "Queria dizer que eu torci muito para que ele fosse o Rafael vivo, mas depois que vi o seu filho com você me conformei". Foi marcante. E a minha primeira missão era justamente esta: tranquilizar a família dos que morreram. Não houve sofrimento. Tanto que nunca sonhei com o evento, nunca tive pesadelos com isso. Jamais. Porque eu não vi. Ninguém sabe o que aconteceu na verdade. Todos dormiam. O Neto não lembra, o Follmann não lembra, o Alan não lembra. Ninguém lembra do momento do impacto.

A primeira vez em que me emocionei muito em público foi na partida entre a Chapecoense e o Palmeiras, realizada no sábado, 21 de janeiro, na Arena Condá, em Chapecó, que marcou a volta do clube depois do acidente. Os familiares dos jogadores estavam recebendo as medalhas da Copa Sul-Americana. Eu não queria descer para as homenagens. Achava que seria muito forte para mim. Então, quando eu aceitei, preferi não passar diante das cadeiras, fui por trás das cabines e desci pelo setor das arquibancadas sociais, que se levantou para me aplaudir. Isso me emocionou muito porque foi um aplauso diferente. Aquelas pessoas estavam aplaudindo a vida. Aí, eu passei, fiz muitas fotos e, quando entrei no gramado, o pessoal na ala leste do estádio também começou a se levantar e a aplaudir. Eu recebi uma mensagem que dizia assim: "Você é o nosso herói, não derrame mais lágrimas de tristeza". Recebi outras semelhantes. Experimentei essa emoção.

Naquela homenagem, o sentimento era muito forte. A tristeza marcava muita presença. As pessoas haviam perdido os seus familiares e estavam se reencontrando no olhar, no abraço. Elas vinham de diversos lugares do país para receber uma homenagem. Por um momento, não suportei. Sentei virado para a ala leste, onde instalaram uma espécie de palco, abaixei o meu boné e caí em prantos. Depois me recompus. Em público, foi a última vez em que eu chorei. Porque sei que a minha presença feliz, contente e de bem com a vida é muito mais benéfica do que qualquer outra coisa. Se eu quisesse fazer marketing pessoal, poderia me emocionar a todo momento. Mas a minha intenção é me manter forte e seguro, ainda mais vivendo uma situação como aquela, com tantas outras pessoas envolvidas. Por isso eu me segurei no jogo posterior, no Rio de Janeiro.

Eu só me emocionei no programa *Encontro com Fátima Bernardes* quando assisti ao vídeo do meu filho chegando ao avião que me levou de volta a Chapecó. Vi a imagem dele me consolando, e aquele momento foi muito especial. Eu dei uma baqueada, mas me segurei. Prefiro que as pessoas me vejam para cima. Tanto que na primeira gravação que fiz no hospital da Colômbia, que seria distribuída para toda a mídia do Brasil e do mundo, eu pedi para que tirassem todos os aparelhos — o respirador, o soro, absolutamente tudo. Na verdade, eu não precisava mais daquilo, mas era praxe manter os equipamentos por perto. Eu não tinha outra roupa, só a minha jaqueta da rádio, porque perdi a minha bagagem no morro. Assim mesmo, gravei uma mensagem superpositiva, duas semanas depois da queda do avião. Isso impactou as pessoas. Elas não acreditavam que um sobrevivente pudesse estar tão bem, embora o vídeo não mostrasse que eu estava com uma lesão no pé e uma tala na perna. Mesmo assim, acho que o mundo não acreditou no que via.

O meu recado foi o seguinte:

> Alô, gente, tudo bem? Décimo terceiro dia de Colômbia. Estamos firmes e fortes na recuperação. Quero fazer um agradecimento especial a todo o povo colombiano, que nos deu uma estrutura muito forte nesta tragédia. Mas a solidariedade brotou do coração de todo mundo, e hoje estamos aqui, quase, quase indo para casa. Quero agradecer também a todos os brasileiros, que numa corrente de oração foram no "Força, Chape". A gente aqui, eu e o jogador Follmann, o jogador Neto e o jogador Alan Ruschel, todos nós estamos firmes e fortes aqui, nos recuperando para voltar o quanto antes

para nossa casa e também, claro, buscar o apoio do torcedor da Chapecoense, da nossa família, dos nossos amigos. O.k.? Estamos aqui, firmes e fortes, aqui neste hospital. Já saí do CTI para o semi-intensivo e agora estou no quarto, feliz da vida com a recuperação e também com a solidariedade do povo colombiano e as orações do povo brasileiro. Tchau!

Ninguém acreditava naquilo, mas muita gente ficou aliviada com a gravação. Então, se essa é a missão, eu vou de peito aberto. Eu prefiro aparecer bem para as pessoas a aparecer fragilizado por qualquer coisa, por mais que isso me atinja de alguma forma. Felizmente, o sentimento de tristeza vai ficando bem menor com o tempo. Eu sei que este livro pode ajudar muita gente a ter uma segunda chance, a chegar mais longe na vida, a pensar de forma positiva. Essa é a minha missão.

Todas as vezes que vejo algo sobre o acidente, fico meio perdido. Não consigo entender como fui parar no local onde me encontraram, tão longe da aeronave, preso apenas ao banco do avião, como as pessoas que estavam atrás de mim morreram, as que estavam na minha frente morreram, as que estavam ao meu lado morreram, mas eu sobrevivi. É muito forte. E esta história não é um livro religioso, mas um livro que pretende mostrar que alguma coisa aconteceu e que é importante seguir em frente. As pessoas vão me ver, assim como veem os três jogadores da Chapecoense, como a materialização do milagre. Jamais usarei uma camisa com os dizeres "Eu sou o milagre", como ganhei algumas. Porque sei que muitos vão me olhar por simples curiosidade, embora outros tantos vão me olhar acreditando que é possível viver. Cada um terá a sua interpretação sobre o acidente. Eu tento não ser arrogante.

Tudo o que falo é para evitar que as pessoas me olhem e digam: "Olha, o Rafael sobreviveu, teve uma segunda chance e virou um cara arrogante". Jamais quero que pensem isso de mim. Por esse motivo, a minha mensagem é: precisamos acreditar. É o que desejo levar para as pessoas. E apenas isso. Não vou falar que eu fui o escolhido, que Deus tem um propósito para mim. Quem poderá saber quais são os planos do Todo-Poderoso? O que posso fazer a Ele é mostrar para todos que eu fui agraciado com um milagre, mas só isso. E falar para as pessoas que acreditam: tenham força, mantenham o foco no que é importante e não percam o seu tempo com problemas completamente desnecessários, que acabam afetando a própria vida. A cabeça e o corpo sentem o pessimismo, não especificamente em algo tão grave quanto aquela tragédia, mas em todos os fatos do cotidiano.

A minha recuperação rápida foi um conjunto de positividade direcionado da família, dos amigos, do mundo inteiro. Quem nos cerca precisa ser otimista também. Por isso você tem de se envolver com pessoas positivas. O negativismo só atrapalha. Durante os dias de hospital, nós tivemos muita energia positiva. Eu não conseguia caminhar porque meus pés doíam muito, tinha uma tala na perna, dormia pouco. Porém, logo comecei a sentar em uma poltrona, o ambiente melhorou com a transferência da UTI para o semi-intensivo e, posteriormente, para o quarto. E as pessoas me enviavam mensagens nas quais sempre repetiam: "Vamos lá, olhe para a frente".

Consigo distinguir uma pessoa negativa de uma positiva. No meu programa na rádio, eu sinto isso na hora. Veja o caso das primeiras semanas da Chapecoense após o acidente, que reconstruiu seu time em menos de um mês. Um cara achar muito ruim uma equipe que foi montada há trinta dias, como me disseram, é negativo demais. Por esse motivo, é bom se afastar de certas pessoas. Dos que vêm conversar comigo, a maioria me olha e diz: "Caramba, você é um milagre". Mas há outros que querem saber como foi o acidente, se eu vi gente morta. Essas pessoas que nutrem esse tipo de curiosidade são extremamente negativas. Elas não estão preocupadas com a nossa vida, com a nossa *nova* vida.

Elas estão preocupadas com a sua própria curiosidade. Até colegas jornalistas fizeram isso.

Um jornalista da Fifa chegou a me perguntar se eu não sentia remorso de ter sobrevivido em meio a tantas mortes. E eu lhe disse: "Deus cuidou do meu destino, e cada um tem o seu próprio destino". Aquela não era a minha hora. Foi uma pergunta que me deixou bastante chateado. Não há culpa em viver, em sobreviver a uma tragédia. Pelo contrário. O que nutro é um sentimento de gratidão fortíssimo. Ninguém está fazendo festa, mas vivendo e tentando se reconstruir, já que ganhamos essa oportunidade. Então, remorso nunca me passou pela cabeça. Eu sempre foquei para a frente. Lamento e me entristeço muito ainda com toda essa situação, mas sempre mirei adiante. Essa é a mensagem que eu quero passar. Tomo muito cuidado com o que falo. Há 71 famílias de pessoas que morreram. Tento não ser arrogante por estar vivo, porque muita gente perdeu os seus familiares.

Já expliquei os motivos de evitar demonstrar minha emoção diante das pessoas, porque estamos em um momento de reconstrução da nossa vida e do clube, que estão muito interligados. Eu ia narrar o principal jogo da história da Chapecoense quando sofremos a tragédia. Automaticamente, produziu-se uma ligação poderosa com o clube. Então eu não tive nenhum sentimento de culpa, até porque não foi uma coisa proporcionada por mim. O que me entristece é que muitos não estão mais aqui, e me entristece ainda mais a dor daqueles que ficaram — os familiares. Isso continua impactante. Acho que vão se passar meses e a situação permanecerá a mesma, principalmente para quem perdeu os seus. Eu só posso agradecer e fazer jus a essa segunda chance, aproveitá-la bem com os amigos, com a família, com a minha profissão.

Quando me transferiram da clínica Somer para a San Vicente, na Colômbia, fiquei impressionado porque fui internado perto do aeroporto de Medellín. Um cara muito preocupado poderia pensar: "Isso é como naquele filme *Premonição*, o serviço ficou incompleto". Porque você começa a questionar: não há um entendimento das razões da vida. Eu entendo que é um milagre, mas não consigo entender por que estou vivo. Não faço esse exercício também. É contra a ordem natural.

Ao redesenhar o que aconteceu naquela noite, quando tantas pessoas ao meu redor morreram, o fato de eu ter sobrevivido deve, no mínimo, ir contra as estatísticas, digamos assim. Porque eu sou uma pessoa que não tem a mesma preparação física de um atleta. De repente, se eu estivesse no lugar do Neto, o último a ser socorrido, eu não sobreviveria. Porque a minha condição cardíaca talvez não estivesse tão boa quanto a dele. E eu resisti. Só esse fato, de ser um dos seis sobreviventes, não me dá a certeza de que eu fui um escolhido ou não. Pelo menos eu não me considero um. Tudo que posso fazer é comemorar essa segunda possibilidade de viver. Esse é o convite que eu faço a todos: comemorem a possibilidade de viver.

Felicidade que transborda

Depois que eu conheci as causas do acidente, é óbvio que fiquei revoltado com o que aconteceu. Entretanto, não tenho raiva de ninguém. Acho que a punição já ocorreu e também deve ser estendida de acordo com os trâmites da lei àqueles que estão vivos e autorizaram a decolagem daquele voo. Porém, repito que em nenhum momento eu senti raiva. Até dei uma entrevista para uma equipe de TV boliviana, na qual desejava tudo de bom para a família do piloto, que tem dois filhos, um deles bem pequenininho, inclusive, que é tão vítima quanto qualquer outra família. Eu não tenho raiva do piloto, não tenho raiva da copiloto, não tenho raiva de ninguém. Não vou pessoalizar a tragédia. O meu sentimento é só de recuperação. Eu foco muito nisso.

Nós nos sentimos tristes por toda a situação. Pelas pessoas que ficaram e que choram pelos seus maridos, pelos seus pais, pelos seus irmãos, pelos seus filhos, pelos seus colegas de trabalho. Sempre evitei nutrir sentimentos de raiva. Tanto que fiz questão de enviar aquela mensagem pela TV boliviana para os familiares do piloto, porque sei que eles são tão vítimas quanto nós. Eles perderam um pai, um marido. Então eu não tenho raiva.

A palavra certa é *decepção*. Eu ficaria decepcionado com a injustiça de, daqui por diante, as pessoas serem esquecidas — as que morreram e os parentes. Tenho muita tristeza pelos que se foram e sentirei uma imensa decepção caso esse processo não avance, caso não vejamos no futuro um acompanhamento da Justiça com respostas mais rápidas, que as pessoas não tenham os seus direitos respeitados. Não estou nem falando de mim, que estou vivo. Estou falando dos que perderam os seus familiares, que tiveram o seu dia a dia afetado. Principalmente aqueles que não têm um poder aquisitivo razoável para lutar pelos seus direitos.

Eu tenho acompanhado as investigações, prestei até um depoimento no Ministério Público Federal. Vejo muita morosidade e me preocupa essa demora. Mas eu não tenho que correr atrás das explicações. Até hoje, nem me perguntaram se estou bem ou se estou mal. Eu recebo apoio total da Unimed em Chapecó. Só isso, mais nada. A Chapecoense está organizando alguma ação em bloco para tentar indenizar as famílias dos mortos. A decepção virá se esse esforço não der em nada, se não tivermos uma resposta positiva da Justiça.

Como escrevi, eu me emocionei muito com a tristeza dos parentes das vítimas durante a entrega das medalhas da Copa Sul-Americana. O que me doeu foi ver os familiares daquele jeito. Ver as pessoas chorando e olhando para você, um dos seis sobreviventes. Eu falo para a minha esposa que eu não sinto por mim, eu sinto pelos outros. Eu sinto por quem ficou. Quantas mães, quantos pais, quantos irmãos, quantos maridos, quantos filhos perderam pessoas queridas? É marcante demais. Então, sinceramente, eu sinto mais pelos outros.

Não posso dizer, pelo menos durante a maior parte do tempo, que senti dor. Faço questão de falar isso. Na verdade, doeu apenas quando foram me tirar de debaixo das árvores, lá no morro, quando as costelas quebradas tocaram em alguma coisa.

Senti dor apenas durante o resgate e a viagem na carroceria da caminhonete. O tratamento e a sedação só vieram não sei quantos minutos mais tarde, nas barracas onde estavam os paramédicos. Nos dias seguintes, eu já não sentia dor, sentia desconforto por ficar mal acomodado com a cama e o travesseiro do hospital, por dormir pouco e por sofrer os efeitos da medicação. Seria uma blasfêmia, para mim, no meio de tanta dor, pensar que eu senti uma dor maior. A dor das perdas sofridas pelas famílias daqueles que morreram no acidente é muito maior do que qualquer dor física que eu poderia e posso sentir em toda a minha vida.

Toda esta experiência me ensinou que jamais posso imaginar que eu sinto uma dor maior do que a dos outros. Eu fiquei no hospital, tentando me recuperar, recebendo atendimento de primeira qualidade e acreditando — pois acreditar é o verbo da nossa vida. No entanto, eu me preocupo com a dor dos outros, mais do que com a minha. Repito: eu sentia desconforto quando me mexiam na cama para o banho, para trocar a roupa de cama. Agora, dor propriamente dita eu não tinha o direito de sentir. Porque, naquelas semanas, nós tínhamos 71 famílias sentindo uma dor inenarrável, uma cidade inteira sentindo dor. Havia um país emocionado, mas acima de tudo uma cidade cujos seus cidadãos estavam andando feito zumbis, tamanha a incredulidade. Por isso, equilibrei as minhas sensações no hospital.

A tristeza é um sentimento terrível, não é algo que se possa controlar. E a tristeza dos outros revela-se uma coisa muito forte. Quando você está triste, pode se controlar, não deixar transparecer. Mas cada pessoa tem uma maneira de reagir. E eu vi muita tristeza, ainda lá na Colômbia, assistindo aos vídeos do velório coletivo. Não me recordo de ter visto tanto pesar em um só local no mesmo dia como na entrega das medalhas aos familiares. Isso me afetou profundamente, porque era uma tristeza que eu não podia controlar, que é a tristeza dos outros. Por mais que eu controle a minha dor, não tenho controle sobre a dor do outro. E, visualmente, isso é poderoso.

Por outro lado, eu estou vivo, estou com a minha família. Recebi uma segunda chance e não tenho o direito de reclamar, de ficar triste. Porque nos últimos meses, convivemos com 71 famílias que gostariam que alguém ainda estivesse junto delas. Então, a minha forma de agradecer é ficar muito feliz por estar vivo. Sentir plenamente a felicidade quando recebi a notícia de que a pneumonia havia ido embora. A felicidade de saber que não será necessária uma cirurgia para reparar as costelas quebradas. A felicidade absurda de receber a notícia: "Amanhã você vai voltar para o Brasil". A felicidade e a alegria do outro contagiam. Por isso temos que emanar sorrisos, alegria, felicidade, para contagiar o ambiente ao nosso redor. Já o sofrimento, por sua vez, nos contamina. Como dizem, a tristeza é normal, mas o sofrimento é opcional.

Durante a Copa Sul-Americana de 2016, que começou em agosto, surgiu o bordão: "O meu coração transborda", que eu uso nas narrações de jogos da Chapecoense. Foi uma coisa espontânea. Era o sentimento que eu tinha na ocasião, não apenas por ser um clube de futebol, mas uma cidade e uma região que estavam inseridos em um processo de reconhecimento mundial. Eu acompanho a Chapecoense desde pequeno e chorei duas vezes com ela. A primeira, em 2013, quando a Chape subiu para a Série A do Campeonato Brasileiro, com uma vitória sobre o Paraná Clube, em Curitiba, com um gol de cabeça do Bruno Rangel. E a segunda foi no empate com o San Lorenzo, que nos levou para a final da Sul-Americana. Eu sempre falo: a gente narra o gol da Chapecoense e lamenta o dos outros. É uma coisa nossa.

Então, nessa Sul-Americana de 2016, o bordão começou a amadurecer, pois era o que eu estava sentindo no momento: o meu coração transbordava de alegria, o meu coração transbordava de felicidade. O bordão veio para ficar. Os torcedores gostaram.

Logo depois dos gols, eles sempre me mandam tuítes ou comentam no Facebook: "O meu coração transborda". É um sentimento que foi crescendo e que chegou a esse ápice. É uma demonstração de alegria pura. O gol é uma coisa que nos completa naquele instante. "O meu coração transborda de felicidade" é um sentimento que a gente externa. Não é nada programado.

Enfim, a alegria é muito forte. A alegria de estar presente, de ver esse sentimento nos outros. É fantástico. Logo, temos que espalhar alegria e felicidade também. Ver a minha família feliz pela minha recuperação e pelo meu retorno para casa foi revigorante. É isso. A felicidade revigora. Para mim, é algo espetacular. Sei que os momentos se alternam. Com tudo o que nos aconteceu, fomos do momento mais triste ao mais feliz. O mais triste foi quando não sabíamos se eu permaneceria vivo e o mais feliz foi quando consegui me recuperar plenamente. Tristeza e felicidade são sentimentos muito diferentes, mas bastante próximos.

E, mais uma vez, nada disso está relacionado a dinheiro. Dinheiro é legal, maravilhoso para você se divertir. Mas a felicidade não está relacionada a isso, e sim ao seu jeito de ser. É o que eu penso para mim. Se eu achasse que a felicidade estivesse no que o dinheiro pode comprar, teria tirado trinta dias de férias da rádio e iria para o Nordeste, descansar em uma praia. Ou faria um cruzeiro de navio. Não, a felicidade está no meu trabalho, ao lado dos meus amigos, da minha família. Não preciso sair de Chapecó para qualquer outro lugar paradisíaco do mundo para ser feliz, mesmo em um momento tão difícil para mim. Esses lugares podem nos deixar felizes, sem dúvida. Porém, estar em casa, com os meus familiares, me assegura felicidade suficiente.

O FUTURO ME RESERVA GRATIDÃO

O MEU PROJETO IMEDIATO é seguir a vida, com os meus programas na rádio, e acompanhar a Chapecoense. Porque, repito, eu não me vejo como um escolhido, mas as pessoas me veem assim. Porém, para passar a minha mensagem, não preciso me transformar em nenhum tipo de profeta. Acho que as pessoas têm de entender que sou um cara que se salvou graças a um milagre. Essa é a mensagem. Não preciso agarrar um microfone e começar a rezar para convencer a todos. Acho que isso seria um erro, afastaria muita gente. Precisamos entender que há uma coisa muito forte, há um Deus muito poderoso que abraçou seis pessoas e evitou que elas morressem.

Eu não me importo com as cicatrizes no rosto. Para mim, elas são a marca do milagre. Se elas saírem, tudo bem. Se não saírem, tudo bem também. Eu não vou me importar de ficar com esses sinais no corpo. As pessoas vão olhar para as cicatrizes e pensar: "Puxa, o cara sobreviveu". Esse é um milagre palpável, e se isso fizer bem para as pessoas, meu Deus do céu, se isso acontecer sem que eu precise falar nem uma única palavra e as pessoas acreditarem nesse fato admirável, está ótimo. Imagino que elas vão perceber que aquele é um cara que viveu uma situação tão terrível na vida dele e não desistiu. E, igualmente, elas não vão querer desistir. Então isso será uma vitória.

Cada religião escolherá uma história, mas a explicação é uma só: se o Homem não estivesse lá, seriam 77 mortes. Seis foram abraçados naquele morro. Como dizem os espíritas, uns já cumpriram a sua missão aqui na Terra, outros não. Eu não reclamo de tese nenhuma. Eu tenho que ir do candomblé à igreja católica, da igreja evangélica ao espiritismo. Não posso deixar de ir a lugar algum porque todo mundo, de uma forma ou de outra, foi determinante para a minha recuperação. O sentimento de vida uniu milhares à nossa volta.

O que pode unir religiões e povos diferentes senão a solidariedade? Eu recebi abraços de católicos, evangélicos, espíritas, seguidores de religiões afro-brasileiras. Portanto, eu devo a todos. E penso nos povos — argentinos, brasileiros, gaúchos, nordestinos, enfim, tantos. Sempre fui muito adepto disso. Sou da união, e não da separação. Há muita conversa fiada na questão do separatismo do Sul e do Nordeste. Acho um preconceito descabido para quem conhece o Nordeste e sabe o que ele pode produzir. Mesmo sendo um povo esfolado por tudo e por todos, sendo um povo sofrido desde a época do coronelismo até a dos políticos atuais. Somente a solidariedade e a vida podem fazer com que tudo dê certo. Ninguém queria saber se eu era católico, espírita ou pertencia a uma religião afro-brasileira. Não. Ninguém quis saber de nada disso. Foi a vida que conseguiu unir todas essas religiões em benefício da recuperação de algumas pessoas.

A comoção tornou-se tão grande que viramos parte de uma enorme família. Por isso, eu sempre falo: "Devo um abraço a cada brasileiro que chegar e me pedir um abraço". Escrevi sobre esse sentimento anteriormente. Tenho certeza de que a união de tantas pessoas foi decisiva na nossa recuperação. E essas são pessoas que não querem nada de nós. Elas gostaram da gente, elas choraram, oraram sem esperar nada em troca. Eu era um brasileiro que passava por uma situação trágica, longe de casa, e estava vivo. Quanta compaixão! Naquele momento, entendemos o valor do carinho. E carinho gera carinho. Muitas vezes, as pessoas não demonstram fisicamente essa ternura. Elas a demonstram no máximo com palavras, e quando o fazem.

No nosso dia a dia corrido, resolvendo problemas que parecem sem fim, de repente um gesto já faz muita diferença. As pessoas precisam saber que você está por perto, que pode colaborar com elas, que está sempre à disposição, por mais que o mundo seja louco ao seu redor. E todos aqueles que fizeram a corrente de oração por nós mostraram que estavam disponíveis para qualquer situação, para qualquer momento. Eu sou jornalista, mas não sou uma celebridade que está 24 horas na mídia. Talvez 90% das pessoas que rezaram não me conheciam, não conheciam os jogadores. E, mesmo assim, elas oraram. Por quê? Porque isso é solidariedade, isso é querer bem à vida alheia. Só a vida pode reunir tanta gente em prol do mesmo objetivo.

No programa que apresento na rádio Oeste Capital FM desde 2010, passo três horas durante as manhãs falando sobre os mais diversos temas. Os assuntos são palpitantes. Falamos de estradas, ruas, iluminação, futebol — o que for sendo provocado pelos ouvintes. Assim, esse programa me aproximou muito do público. Temos mais de 70% da audiência no horário. Depois, comecei a narrar futebol, criando um estilo bem passional, e se formou uma ligação com a Chapecoense. O clube acabou se impregnando em mim, e as pessoas já não falam "o jornalista", mas "o jornalista da Chapecoense". A paixão pela Chape ficou ainda mais forte.

A única coisa que mudei no meu estilo foi que parei de tirar sarro dos outros times. É que agora, por exemplo, chego a Tubarão, e encontro cem pessoas do time adversário tirando fotos minhas, pedindo abraços, felizes por eu estar ali. Pelo viés profissional, você continua narrando para os torcedores do seu time, mas evita causar desconforto para os demais. A minha narração é transmitida apenas para o Oeste Catarinense, onde fica Chapecó, mas pode ser que haja alguém de fora ouvindo e comente: "Pô, o cara está detonando o Tubarão, coitados de nós". Então tive que me tornar mais paciente e pensar duas vezes no que falo durante as transmissões. E essa também é uma forma de retribuição. Tenho certeza de que lá em Tubarão muitos deram as mãos e passaram a rezar por mim, pelo Neto, pelo Follmann e pelo Alan.

Isso nos impõe ainda um dever de ser muito humano em relação a essas pessoas. Não que antes não houvesse essa obrigação, mas, de repente, eu falo uma frase que atinge o direito clubista do ouvinte. Nós assumimos sempre que a nossa transmissão é passional, inflamada, clubista e parcial. Enquanto no jornalismo nós praticamos a imparcialidade, no futebol é a narração do torcedor. Mas ninguém quer o nosso mal. E eu dei uma apaziguada nas piadas clubísticas. Enfim, como é bom ser suave. Diversas pessoas conhecidas e desconhecidas estão me ensinando isso.

Em fevereiro, um rapaz viajou de moto de São Paulo até Chapecó para assistir ao jogo da Chapecoense e me conhecer. Ele me deu um abraço e tirou uma foto comigo na frente do estádio. Achei isso de uma gentileza incrível, quase uma devoção. Na frente da Arena Condá, também recebi uma Nossa Senhora de presente. E encontrei amigos de Maravilha, uma cidade localizada a cem quilômetros de Chapecó, que vieram me abraçar e tirar fotos. Nenhuma dessas pessoas tinha qualquer outro interesse além de demonstrar a sua afeição. Não se trata em hipótese alguma de gente que se aproxima para conseguir algo em troca. Eu recebo dez mensagens por dia com o seguinte texto: "Rezei muito por você. Consegue uma camisa da Chapecoense para mim?". O texto é bem assim, literalmente. Essas pessoas não se dão nem ao trabalho de me contar uma história para me emocionar um pouco mais.

Ainda no hospital da Colômbia, eu tinha muito tempo para responder às mensagens que chegavam pelas redes sociais. Para a maioria, era eu mesmo quem enviava as respostas. Lia, chorava e respondia. Até hoje, eu respondo muitas mensagens, principalmente via Twitter, que é uma rede social que facilita a interação. E tento responder na hora. São homens e mulheres, jovens — muita gente jovem — e idosos que acreditam na questão do guerreiro, do cara que luta para viver. É só eu postar alguma coisa que as mensagens chegam. Os idosos, por exemplo, são muito saudosos e emotivos. E todos me dão força.

Recordo o dia da chegada a Chapecó. Foi espetacular. Entrar em um hospital onde tem, sei lá, quarenta ou cinquenta pessoas esperando por você, todos gritando para que você ouça o seu incentivo. Encontrar a sua família toda uniformizada. Receber o abraço do seu filho de onze anos, que lhe diz palavras de consolo como: "Agora chega de chorar, estamos aqui". Isso não tem explicação, é praticamente o mundo invertido. Então, hoje, eu consolo as pessoas. Elas, às vezes, choram na minha presença, e eu peço para não fazerem isso. Prefiro lançar palavras de otimismo — "vamos ajudar", "pensamento positivo", "o ano vai ser maravilhoso", "já passou". Porque a tristeza existirá sempre, mas o sofrimento é opcional. Como me disse um rapaz que conheci: "A dor vai passar, já o milagre, esse não vai passar, não".

Guardadas as devidas proporções, acho que atravessarei a vida inteira como aquele pessoal do livro *Vivos*, que mais tarde foi transformado em filme. Trata-se da história verídica do time de rúgbi do Uruguai cujo avião bateu na Cordilheira dos Andes, em 1972. Ainda hoje as pessoas lembram da história deles. Claro, as gerações vão passando e o interesse pelo ocorrido diminui. Talvez sejamos os Vivos da nova geração, da geração da internet, que é muito rápida. Gente que me acompanhava na rádio me contou que, depois do caos que se tornou aquele dia 29 de novembro, as pessoas ficaram hipnotizadas diante da televisão e da tela do computador. Quando chegaram só seis ambulâncias com sobreviventes ao hospital na Colômbia, todos ficaram muito impactados, pois esperavam a chegada de mais veículos transportando sobreviventes. As informações eram desencontradas. Diziam que havia sido um pouso de emergência, que tinha muita gente viva. Não foi nada disso o que aconteceu, infelizmente. Eram mesmo apenas seis ambulâncias. E seis pessoas que saíram vivas, quem diria.

Nós vivemos um momento muito trágico e somos sobreviventes desse momento trágico. E acreditamos que era possível. Quando nós quatro nos encontramos, invariavelmente, não temos outro assunto. Falei bastante com o Neto, que é muito religioso e acredita na intervenção divina. Não tem como não acreditar, depois do que aconteceu. O Alan logo estava tranquilo, sorrindo. O Follmann também está encarando tudo numa boa. Eles tiveram o agravante de, por serem atletas, não poderem voltar imediatamente ao trabalho. Para mim, retomar a minha profissão foi fundamental no processo de recuperação. Pude comprovar que eu não estava incapacitado, além de desviar rapidamente o pensamento para outras coisas.

Eu não projetei o meu futuro ainda. Recorro ao chavão "o futuro a Deus pertence". A minha nova vida é tão recente que não projetei nada. Vou esperar o futuro chegar. Graças a Deus, a minha vida está encaminhada. Quero viver esse momento de reconstrução, depois eu pensarei em algo a longo prazo. Nós pensamos tanto no futuro que nos esquecemos do presente. E, inesperadamente, não estamos aqui para viver o futuro. Então, quero viver bem esse presente, tocar os meus projetos — e que todos eles sejam palpáveis, para não me frustrar mais adiante. Às vezes, fazemos planos mirabolantes que não conseguimos completar e nos decepcionamos. Vamos viver o presente em primeiro lugar.

Isso não significa que eu não alimente sonhos. A viagem para a Colômbia é um deles. É o sonho da gratidão. Quero conhecer os locais que não tive oportunidade de ver, narrar um jogo no estádio onde eu deveria ter narrado o jogo da Chapecoense, conhecer o corpo de resgate, visitar as pessoas dos hospitais que me salvaram a vida. É um sonho simples. Voltar para onde eu deveria ter chegado, mas não cheguei. Felizmente, eu ainda tenho essa possibilidade. E, quando eu pisar naqueles lugares, sei que será muito emocionante para mim, porque eu queria estar lá com todos ao redor, como deveria ter sido na época. Obviamente eu não posso pedir mais nada, porque já recebi a maior dádiva, que é estar vivo, mas seria gratificante. Sinto uma gratidão profunda por quem me ajudou.

No Twitter, me perguntaram se eu não tinha medo de ter depressão por causa do acidente. Com a vida nova que eu ganhei, isso nunca me passou pela cabeça. Eu quero é viver, viver e viver. Não posso ficar pensando em coisas ruins, porque a vida está aí e não pode ser deixada para trás. E digo novamente: não tem nada a ver com dinheiro. Não é incomum se falar em viver a vida e alguns associarem à questão financeira. Parafraseando a música "Vapor barato"* regravada pelo Rappa: "Eu não preciso de muito dinheiro, graças a Deus". Viver é estar com os seus e sorrir. É ver um jogo de futebol. É poder ficar alegre, irradiar alegria e receber alegria de volta. Se vou ficar com depressão? Jamais. Eu quero é viver, afinal ganhei uma segunda chance e agora não vou regredir. Não. Eu quero é ir para a frente.

Penso que foi importante interpretar corretamente toda a comoção que tomou conta do país. Sob nenhuma hipótese acho

---

* Canção composta por Jards Macalé e Waly Salomão, gravada originalmente por Gal Costa em 1971. (N. E.)

que me tornei um supercara, um superjornalista, só por causa do acidente. Tanto que o número de publicações que faço nas minhas redes sociais, no meu Twitter, no meu Facebook, diminuiu. Eu era um usuário contumaz, publicava a todo momento. Hoje, não mais. Prefiro assuntos locais, notícias factuais da nossa região. Eu penso muito no que publico, pois quero levar mais alegria para as pessoas da minha rede do que notícias ruins. Nunca me vi aproveitando da situação. Se eu quisesse me aproveitar, não estaria mais em Chapecó, não continuaria a viver numa cidade de 210 mil habitantes. Poderia estar trabalhando numa grande capital. Entretanto, fiquei aqui e não vou sair. Porque eu sou do micro, não do macro.

Eu me sinto melhor em um local onde tenho mais facilidade de controlar as coisas, de trabalhar a cinco ou dez minutos da minha casa, de conhecer todos os lugares onde vou ou desejo ir. Se eu tiver vontade de sair para passear, estou a 45 minutos de avião de Florianópolis e a uma hora de São Paulo. A minha cabeça sempre foi assim. Eu faço o caminho contrário. Enquanto muitos creem que as grandes chances estão nas metrópoles, eu acredito que, profissionalmente, as chances estão nas cidades médias, como Chapecó. Então esse tipo de ambição jamais me subiu à cabeça.

A devoção de muitas pessoas só me fez querer voltar o quanto antes, de mostrar a elas que eu estou bem, para que elas entendam que ajudaram muito na minha reconstrução e na dos outros sobreviventes. Receber tanto carinho, isso sim, talvez tenha mexido com a minha autoestima. Tenho certeza de que as pessoas comemoraram quando viram um dos jogadores acidentados correndo ou me viram trabalhando quarenta dias depois. Elas festejaram porque fizeram parte daquela corrente de fé e solidariedade. E eu agradeço. A palavra *gratidão* tem de ser usada incontáveis vezes por dia na minha vida. Porque não existe um sentimento melhor do que o de agradecer.

Mais do que a questão da autoestima, a questão da responsabilidade também é de extrema importância. Você não é um ser humano ruim ou vai se tornar bom depois de um acidente aéreo ou de qualquer outro tipo de adversidade. Você não vai mudar, mas vai aprimorar a sua vida. Claro que temos que tomar bastante cuidado com o que falamos ou fazemos, porque tudo repercute muito mais. Por isso, insisto: neste momento, eu sou mais conciliador do que provocador. Desde então, penso que as pessoas precisam ser incentivadas para a conciliação — ainda mais neste mundo cada dia mais maluco, com gente se matando ou morrendo por nada. No meio de tanta gente morrendo por coisas bem menores, eu posso ser um cara que dá conselhos da condição de quem já sofreu com algo gigantesco.

A responsabilidade é essa. Tudo o que eu falo reverbera além do habitual, pois agora há três vezes mais gente me lendo ou me ouvindo. Graças a Deus, sempre procurei manter as minhas opiniões centradas na ética. Seja na vida privada, seja no programa da rádio. Assim, acho que posso colaborar com o meu tom conciliador, com o meu tom de orientação, para muito mais gente do que antes. Tenho essa percepção do que eu preciso fazer ou falar depois da repercussão do acidente. Pelo menos tomo cuidado com isso.

Dou outro exemplo: eu não posso distribuir conselhos, aparecer em um bar para beber e pegar o carro para dirigir. Isso eu nunca fiz, e não será agora, depois de ter ganhado uma segunda chance, que eu vou fazer. As pessoas não só me ouvem, elas me observam. Como acontece com todos que são conhecidos publicamente, preciso ficar mais atento. As pessoas acreditam naquilo que eu falo e querem acreditar naquilo que eu faço também. Por isso, querem tirar fotos, dar um abraço, trocar algumas palavras. Então essa gentileza me dá uma grande responsabilidade.

Na minha vida, graças a Deus, eu tive conceitos muito bem estruturados do que vale e do que não vale a pena, de respeito e de desrespeito. Acho que todos os pais deveriam passar esses valores às crianças no início da vida, não deixar apenas para quando os filhos completam dezesseis ou dezessete anos. O caráter de uma pessoa se forma logo cedo, e os pais devem estar presentes. Mesmo que este mundo afaste pais e filhos — muitas vezes, o pai e a mãe têm de trabalhar fora, e o filho fica em casa no celular ou no notebook —, precisamos encontrar alternativas para formar pessoas melhores. Fui criado simultaneamente pela minha mãe, minha avó e minha tia, mulheres que em momentos diversos souberam me explicar sobre a vida. A carga cultural que carregamos e o apoio que recebemos diante da vida ajudam na tarefa de dar bons conselhos e espalhar bons conceitos.

Imagino que, depois de tudo o que vivemos, nos tornamos mais consoladores e apaziguadores do que nunca. Foi algo que aprendi. Já de volta a Chapecó, eu consolei muito as pessoas que chegavam a mim chorando. Não entendia por que elas reagiam daquele jeito, até me dar conta de que eram desconhecidos que usaram as suas noites e o seu tempo para orar pelos sobreviventes e pelas vítimas. Eu me lembro de uma menina de apenas seis anos que foi ao estúdio da rádio e me levou, chorando, uma cartinha. Disse para ela algo assim: "Olha, agora não tem mais choro, a gente vai entender essa situação, a Chapecoense está aqui de novo, os jogadores estão lá em cima e tal". Também na emissora, recebi o rosário de uma moça, com o qual ela, a mãe e o pai oravam por nós. Ela me entregou em prantos. Por isso acho que uma experiência dessas nos transforma em aglutinadores que precisam saber como é importante o equilíbrio das coisas e como apaziguar as tensões que, porventura, nos cercam.

Eu, que já fui bem mais explosivo na vida pessoal e no trabalho, estou muito tranquilo. Não tenho mais nenhuma propensão a explodir. Sempre fui uma pessoa de personalidade forte e que defende acaloradamente suas ideias. Compreendo que a sociedade vive em um turbilhão de informações — e o nosso caso foi a maior prova de como as informações podem ser desencontradas. Então, muitas vezes, as minhas opiniões são cobradas porque as pessoas acreditam que exista outra versão da informação, não da opinião em si. No meu trabalho, nada mudou. Eu continuo defendendo as minhas ideias fortemente, mas não preciso convencer os outros. O que tem de ficar claro é que a informação sobre a qual estamos falando existe, foi apurada e está correta. A opinião é particular, pode-se concordar ou discordar. Prefiro conciliar e aglutinar, orientando os ouvintes em meio a esse turbilhão de informações.

No início, sei que haverá comoção com o que eu falo. Mas eu não gostaria de ser alguém que, por ter estado em uma tragédia, os outros tivessem receio de criticar. Muito pelo contrário. Se eu quero uma vida normal, tenho que estar apto e disposto a ser querido e a ser criticado ao mesmo tempo. É óbvio que eu defenderei as minhas ideias, quanto a isso nada mudou em mim. O que muda, talvez, é as pessoas se sentirem um pouco constrangidas nos seus contra-argumentos. Mas isso vai passar.

Por exemplo, se eu defendo a Chapecoense atualmente porque vejo um momento de reconstrução, há gente que acha que eu estou maluco, que o time é ruim, que o clube cairá para a segunda divisão. Do meu ponto de vista, temos que torcer para dar certo — e expresso as minhas opiniões a respeito disso, independentemente de as pessoas gostarem ou não. Porém, repito, essa comoção vai passar. O Neto, na primeira partida em que jogar, receberá críticas, porque essa é uma atitude típica do ser humano. Muitas pessoas não querem saber absolutamente nada do que aconteceu. Para elas, o que interessa é a crítica.

Eu creio que, por um lado, as redes sociais facilitaram a possibilidade de opinião. Todo mundo pode opinar. Então aparecem os *haters* da internet, que tudo o que publicam são comentários odiosos. São preconceituosos por desejarem se sobressair em um grupo ou pelo simples fato de serem assim e pronto. Dizem que a ocasião faz o ladrão, mas não, a ocasião revela o ladrão. O preconceito não surge por acaso, é revelado.

No meu trabalho, e eu entendo isso, não quero ser uma vítima pelo resto da minha vida. Quero que as pessoas entendam que o Rafael sofreu um acidente, mas, no entanto, segue com sua vida normal e continuará com quase todos os conceitos obtidos antes de 29 de novembro. Quero que as pessoas tenham uma relação assim comigo. Ninguém pode passar toda a vida se vitimando. Penso que é até uma falta de respeito com a segunda chance recebida. Temos que erguer a cabeça e voltar a ter uma vida normal, sem passar o resto dos nossos dias nos fazendo de vítimas para evitar confrontos de pensamento. Para alguns, é fácil se vitimar. Eles sentem conforto nessa condição, porque chamam a atenção dos outros e são tratados de forma diferente. Cada um reage do seu jeito a determinados momentos da vida, mas eu não acho interessante posar de vítima. De repente, não conseguimos encontrar o caminho da volta. Podemos passar a vida inteira nos vitimando, porém os outros só vão nos aturar por um determinado tempo. Depois, se afastarão, pois é muita carga negativa. E corremos o risco de afastar quem não gostaríamos.

Precisamos respeitar o luto de muita gente, o período mais agressivo de um tratamento, o momento mais violento que uma tragédia — vivida direta ou indiretamente —, mas temos que buscar alternativas para dar a volta por cima, para retomar a normalidade. Ninguém suporta uma pessoa que se faz de vítima. Imagino isso porque eu não gostaria de ser considerado uma vítima pelo resto da vida. Eu gostaria que, quando nos olhassem, todos percebessem que atravessamos um processo complexo de recuperação e que somos o milagre que aconteceu naquela fatídica noite. Mas que, ao mesmo tempo, nós não queremos nos vitimar e levamos uma vida normal.

Hora de olhar para a frente

Chapecó ainda estava muito impactada pelo acidente no dia do nosso retorno. O velório coletivo na Arena Condá ocorrera apenas onze dias antes. Coincidentemente, tomamos o mesmo caminho que os caixões fizeram quando saíram do aeroporto municipal. Choveu muito antes da nossa chegada. As autoridades fizeram um apelo para que as pessoas não se dirigissem ao aeroporto, para evitar um congestionamento que atrapalharia a nossa transferência. Nós não desceríamos da aeronave para acenar para as pessoas, apenas passaríamos direto de uma maca da Força Aérea Brasileira para a maca da ambulância do hospital. Mesmo assim, havia muita gente lá para nos recepcionar. Foi interessante que os meus familiares fizeram camisetas com a minha foto e a mensagem "Rafael, nosso guerreiro". Eram cerca de trinta pessoas. Fiquei muito surpreso, pois não imaginava nada parecido. Assim como também não imaginava que o meu filho fosse entrar no avião.

Havia muita esperança, entretanto. Embora a cidade estivesse impactada, pude perceber que as pessoas sentiam a vida voltando aos poucos. A chegada dos sobreviventes tinha esse significado. Mesmo que eu fosse o único chapecoense, o único morador permanente de Chapecó — pois o Alan e o Follmann são do Rio Grande do Sul, e o Neto, do Rio de Janeiro, e, como jogadores, é comum em sua profissão mudarem bastante de cidade —, o retorno de todos dava um pouco de alento para as pessoas, apesar de sabermos que a tragédia jamais será esquecida. O sentimento de dor era muito forte, sem dúvida, mas ele é opcional também. A tristeza sempre existirá, e eu entendo isso, só o sofrimento é que não pode ser eterno.

Naquele momento da volta, percebia-se a esperança no olhar dos médicos e dos enfermeiros que nos atenderam. E também da multidão que comemorava na entrada do hospital — tiveram que formar um cordão de isolamento para podermos sair das ambulâncias. Parecíamos estrelas da música pop chegando a um show. Foi muito emocionante. Eu só podia agradecer por tamanha acolhida, porque o meu sonho naquelas semanas era mesmo regressar. Eu não tinha a percepção de voltar para o Brasil, mas para Chapecó, para a minha casa. Entretanto, a comoção tornou-se nacional porque éramos brasileiros sendo resgatados, sendo trazidos de volta para o nosso país. Não tínhamos a dimensão disso, da proporção que a história havia tomado.

Como já relatei, quando nós saímos do hospital na Colômbia, no dia 13 de dezembro, tivemos o primeiro contato com o mundo externo desde a noite do acidente. Fiquei assustado com tantos carros de polícia e ambulâncias na rua. Depois, chegamos a Manaus, perante dezenas de jornalistas, e recebemos aquela homenagem do Corpo de Bombeiros, com os jatos de água sobre o avião. Eram demonstrações de carinho que não esperávamos. Eu sou um cara de Chapecó, não sou um cara do Brasil, não sou um cara do mundo, não sou um astro do futebol, não sou um astro do entretenimento. Eu sou um cara simples. Portanto, toda aquela situação de vida que retorna foi muito emocionante para mim, sim. O sentimento de gratidão é muito forte. Eu, que sempre fora um pouco arredio a abraços, repentinamente me via abraçado por todos, por pessoas que nem me conheciam. Na chegada a Chapecó, nas ruas, no hospital. Então tudo que o calor do abraço pode proporcionar para alguém foi uma descoberta para mim.

Acredito que a volta de todos ajudou a diminuir o sentimento de tristeza da cidade. As pessoas entenderam que era possível recomeçar, se reconstruir. O nosso recomeço era um tanto emblemático. Em meio a tanta tristeza, tanta dor, havia gente que estava querendo viver. Isso servia como uma alusão ao clube e à própria cidade: "Vamos lutar. Apesar de tudo o que aconteceu, há uma possibilidade de virada". Eu voltei a trabalhar só quarenta dias depois do acidente, mas em 21 dias já circulava pela rua. Continuava o tratamento, é óbvio, mas fiz questão de ir a público para mostrar que estava tudo bem, para encorajar as pessoas que andavam cabisbaixas. Pelos relatos que nos fizeram, imaginamos que muita gente se sentia extremamente triste em Chapecó naquelas semanas.

Eu via cada passeio pela cidade como uma oportunidade de aparecer e falar, compartilhar essa compreensão com as pessoas. Se eu, que fui um dos mais atingidos física e psicologicamente, estava tentando recomeçar, por que as pessoas que me encontravam na rua não podiam fazer o mesmo? Esse era o meu objetivo naqueles dias. Eu propunha: "Vamos lá conversar com as esposas", "vamos rever os amigos", "vamos ao shopping center". Na primeira passagem pelo shopping de Chapecó, por exemplo, eu tirei umas cem fotos com gente que se aproximava para me ver. Eu tinha ido até lá para comprar roupas novas, porque todas as que eu tinha haviam ficado no meio do mato na Colômbia. Então esse sentimento foi poderoso, porque pude mostrar para as pessoas que podíamos recomeçar, apesar de eu ainda me movimentar com dificuldade por causa das costelas quebradas e da tala no pé.

Não foi nada planejado, mas logo que tive alta do hospital da Unimed percebi que as pessoas se alegravam em me ver, por isso decidi sair às ruas. Sempre que falo isso não tenho a menor intenção de me autopromover. Inclusive nas entrevistas que concedi neste tempo todo, jamais quis me promover para o Brasil ou para o mundo. Eu falei o que sentia de coração e o que as pessoas poderiam captar como uma mensagem positiva de alguém que ficou entre a vida e a morte, de alguém que ficou cinco horas no meio do nada, esperando pelo resgate, que está vivo e não desistiu de viver. Portanto, o principal é sorrir. Sei que não posso permanecer recluso, preciso passar essa mensagem. Eu tento evitar me emocionar em público porque o episódio ainda está muito fresco. Quero que me vejam para cima, e não depressivo ou triste pela situação.

Reconheço, no entanto, que sofri algumas consequências da minha pressa, porque o tratamento é gradual, embora eu achasse que já estava muito adiantado. Achei que estava em um estágio três ou quatro de recuperação, mas na verdade estava no estágio dois fazendo coisas do três ou do quatro. Isso foi um aprendizado. Tudo é muito novo. O nosso corpo reage de maneiras diferentes. Não sabemos se está tudo bem, ou se não está nada bem, mas seguimos para o embate da nova vida. Queremos usufruir dessa nova chance e, às vezes, não nos damos conta que é impossível fazer isso de uma hora para outra. Precisamos respeitar as etapas.

Não é difícil dar um tempo para voltar a uma vida normal. No meu caso, tive o período de tristeza e o de recuperação. Agora, é o momento de reconstrução. Retomar o trabalho, planejar o resto do ano, recuperar o que falta no meu organismo e no meu corpo como um todo. No entanto, jamais podemos baixar a cabeça. Precisamos utilizar o nosso tempo para coisas positivas. Posar de vítimas só atrairá negatividade. Se for o caso, devemos buscar apoio profissional. Por causa de uma perda na família, ou uma questão financeira, ou uma desilusão amorosa, muita gente se entrega e chega ao fundo do poço. Definitivamente ou por mais tempo do que seria o normal. Lembre-se, o sofrimento é opcional.

A recuperação depende, é claro, da força de cada um. Mas vai chegar um momento no qual as pessoas precisam olhar para a frente. A vida é o nosso bem maior. Há gente que gostaria de viver muito mais. Há gente que gostaria de estar disposta fisicamente, caminhando normalmente, com movimento nas duas pernas ou nos dois braços, sem sofrer de nenhuma doença. Vamos aproveitar essa chance que temos que nos reconstruir. Sempre há uma segunda chance. Sempre.

Já me questionaram sobre o gesto que fiz quando desci de maca no retorno a Chapecó. Eu apareço deitado, com as mãos unidas sobre o rosto, como em prece. Naquele instante, eu ainda estava meio incrédulo, embora confiante na minha recuperação. A questão é que a despedida da Colômbia foi um pouco tensa. Quando fomos de ambulância até o aeroporto de Medellín, parecia uma operação de guerra. Muitos carros da polícia fechavam as ruas para liberar o caminho. Até falei para o Alan: "Meu Deus do céu, cara, pensei que íamos ser sequestrados". Era a nossa primeira saída desde o acidente, não conhecíamos o lado de fora. E o meu primo ainda me contou que na transferência da Clínica Somer para a San Vicente havia três vezes mais policiais no trajeto.

Quando eu desci em Chapecó e vi tudo aquilo ao meu redor, desabei e agradeci. Por isso, as mãos em posição de prece. Era um alívio retornar para casa. O meu sonho naqueles dias era pisar em Chapecó, algo que não consegui fazer literalmente porque eu passei de uma maca para outra. Mesmo assim, eu tive a certeza de que a minha recuperação seria muito mais rápida próximo da família e dos amigos e falando o mesmo idioma dos médicos.

Eu confiava nos profissionais que cuidavam de mim, logo, acreditava que sairia daquela condição rapidamente. Tanto que fiquei apenas uma semana no hospital em Chapecó. Recebi alta no dia 19 de dezembro, na semana do Natal.

Eu brincava que havia estragado o Natal da minha família, porque teríamos perdido todo o espírito festivo, não compraríamos presentes e eu ainda ficaria em casa meio imobilizado pela tala no pé. Foi exatamente o inverso. Não dá para subestimar a esperança. O maior presente para os meus familiares era eu estar ali, novamente ao lado deles, apesar de tanta morte, tanta tragédia. Mais uma vez, recomendo: devemos ser sempre fortes perante os outros, para que olhem para nós como um exemplo de fé e esperança. Para mim, é uma missão. Sei que não somos a mesma pessoa 24 horas por dia, mas é preciso ser forte diante daqueles que amamos, para que eles acreditem no milagre materializado. Eu achei que havia estragado a mobilização do Natal, mas a minha família me mostrou que eu era o maior presente.

Mais do que nunca, aprendi a valorizar os momentos que passo em casa. O meu desejo era regressar. Eu não falava em outra coisa na Colômbia. Já havia aprendido a controlar a ansiedade no hospital, respeitava todos os prazos impostos pelos médicos e combinei com a Jussara, quando nos falaram que voltaríamos, provavelmente, em uma segunda-feira: "Não vamos comemorar, nem avisar a família. Vamos deixar rolar para ver se tudo realmente se confirma". A intenção era não criar uma expectativa e, em seguida, uma decepção. Enfim, viajamos somente na terça-feira. Valeu a pena manter a tranquilidade. Estávamos sendo bem tratados na Colômbia, mas estar em casa tem as suas vantagens. Você pode receber os seus amigos, pode descansar do jeito que quiser, tem outros ambientes além do quarto, tem o seu computador, o seu banheiro, o seu chuveiro, a sua cama. Depois de três semanas insone no hospital, em casa eu consegui dormir pela primeira vez sem sentir desconforto. É que, deitado na cama do hospital, perde-se muita massa muscular e dorme-se praticamente em cima dos ossos. Quando você acorda, continua sentindo-se cansado.

A rotina mudou muito depois que eu retornei para casa. Vivi um vazio. Acho que isso é inevitável. Eventualmente, nós jogamos futebol três vezes por semana, ou temos encontros sociais com amigos ou fazemos visitas constantes a familiares. Esses momentos vão além do trabalho que, por estarmos em um período de recuperação da saúde, ficamos automaticamente impedidos de realizar. Esse impedimento, por sua vez, também deixa um vazio na nossa vida, que precisamos controlar. O que eu fiz para controlar esse vazio? Estou tentando buscar, dentro das minhas limitações, coisas que me deem prazer. Seja passar o tempo jogando videogame com o meu filho, seja lendo, seja vendo televisão. Porque o vazio que sentimos, essa lacuna entre tudo o que fazíamos e o que ficamos impedidos de fazer novamente, é muito dolorido. Não conseguimos retomar a nossa rotina.

Muitas vezes não compreendemos o que está acontecendo, por que sentimos um vazio quando voltamos para casa. Acho que isso vale para quem passou por qualquer situação de readaptação, não só por um acidente aéreo. Eu lembrava que, havia alguns meses, eu jogava futebol três vezes por semana e em duas saía para um churrasco com os amigos. Eu rodava a cidade, visitava sempre as pessoas. A minha rotina era trabalhar pela manhã, depois fazer contatos até perto do meio-dia, visitar os amigos à tarde, voltar para a rádio para produzir o programa e, à noite, jogava futebol. Tudo isso ficou de lado por causa do tratamento. O vazio existe, é fundamental reconhecer. A cabeça está a duzentos por hora e, repentinamente, surge uma lacuna que engole o que antes era uma parte normal do seu dia a dia.

Então, o mais importante é saber que essa transição é inevitável e necessária. Nem sempre isso é compreensível. Impedido de fazer certas coisas, você precisa encontrar alternativas que ocupem aquele espaço e a sua mente. Senão fica para sempre repetindo em tom de arrependimento: "Puxa, eu podia estar lá, fazendo isso ou aquilo". Na verdade, não é que você não pode ou é incapaz de realizar algo. Você não pode agora, mas logo vai poder novamente. E, para que se restabeleça o quanto antes, é indispensável respeitar o tratamento. Mantendo a cabeça boa, sem decepções, eu tenho certeza de que tudo será recuperado. E essas alternativas vão ajudar a acelerar a volta à antiga rotina.

Acho que é possível retomar a agenda de relações quando o tratamento acabar. Eu, particularmente, tenho muito contato com pessoas que não sumiram após o meu retorno, que estão sempre por perto. Estou certo de que vou conseguir me recuperar física e psicologicamente. Claro que Chapecó ainda é uma daquelas cidades que nos dá a possibilidade de frequentar diversos lugares em poucas horas, de ir e vir com facilidade. Então, tenho certeza de que vou conseguir retomar a minha vida. O imprescindível era a compreensão do tempo necessário para conseguir me recuperar e o entendimento de que esse é um processo de evolução. O vazio não pode nos levar à decepção, que só vai afetar o nosso tratamento e atrasar a nossa recuperação. Precisamos, sim, de disposição para encontrar caminhos diferentes. E, assim, seguir em frente.

Nós não estamos sozinhos

Como diz a música do Barão Vermelho — que o grupo cantou no final da edição do programa *Encontro com Fátima Bernardes* da qual participei: "Eu te desejo muitos amigos, mas que em um você possa confiar".* Acho que, a partir de agora, eu terei mais amigos. Eu não tenho amigos confidentes. Claro que todos nós temos muitos conhecidos ou colegas de trabalho, mas os amigos, amigos mesmo, podemos enumerar poucos. Mas eu acredito que, com tudo isso que aconteceu, eu vou me permitir ter mais amigos. E só nos abrindo para essa ideia é que vamos conseguir vencer os obstáculos. Temos que oferecer um espaço na nossa vida para que as amizades possam entrar. Várias pessoas gostariam de se aproximar, porém, nós muitas vezes não lhes damos essa abertura. Para mim, amigos são uma permissão em nossa vida. Quando temos uma família bem montada, não é que não precisemos de gente de fora, mas não sentimos vontade de recorrer a ninguém mais. Depois de ter causado tamanha comoção e recebido apoio

---

* Trecho da canção "Amor pra recomeçar", composta por Frejat e lançada pelo Barão Vermelho em 2001. (N. E.)

irrestrito, pretendo abrir espaço para novos e verdadeiros amigos. Vou me permitir isso.

Eu nunca tive necessidade de viver em grandes grupos, nem medo de ficar sozinho. Talvez isso seja causado pela criação que tive, pois, como já mencionei, na infância eu alternava o meu tempo entre a minha mãe, a minha avó e a minha tia por causa dos horários de trabalho delas. Digamos que eu não fiz um esforço para ter uma grande família estendida. Eu sempre fui muito na minha. Então jamais tive medo da solidão. Quem sabe isso não me ajudou na minha recuperação naqueles primeiros dias na Colômbia, quando fiquei um tanto sozinho? Porém, depois que entrei no olho do furacão, não adiantava ficar só. Eu precisava de pessoas: da senhora que limpa o quarto do hospital, do médico renomado, do motorista da caminhonete que me tirou do morro, da mulher que segurou a minha maca quando a porta da ambulância se abriu durante o socorro, do médico de plantão, do anestesista, dos motoristas, enfim, de todos. Ninguém é uma ilha. Por mais que alguém diga: "Eu sou sozinho", isso está muito longe da verdade. Um dia, todos aprendem que são parte da engrenagem desta vida.

Eu acordei duas vezes no local do acidente. É tão impressionante. Você olha em volta e está mesmo sozinho. Aquilo é solidão. Não sabe a que horas alguém vai chegar — e se vai chegar. Eu vi uma luz à minha direita, no alto, que vinha de um terreno desconhecido, mas que me incentivou a acreditar no resgate, porque eu imaginava que poderia ter alguém ali. Só que eu não imaginava nem um pouquinho a proporção da tragédia. Vi os dois colegas mortos ao meu lado e dois tripulantes vivos próximos a uma árvore. Mas eu não sabia o quão grande tinha sido o acidente. Naquele momento, talvez, Deus tenha me protegido. Eu desmaiei rapidamente e, na segunda vez, já acordei com as vozes dos guardas nacionais. Entre esses dois momentos, devem ter transcorrido duas horas, mais ou menos.

A partir daquele segundo despertar, bateu a vontade de viver. Para chamar os socorristas, empenhei forças que eu não tinha — o meu peito estava instável, imagino que eu já estivesse com pneumotórax. Eu não conseguia soltar as pernas, que estavam presas. Mas eu precisava chamar por alguém, gritar, ser visto. Só me tranquilizei quando a luz cobriu o meu rosto e o pessoal do resgate me enxergou. O curioso é que eu tinha uma imagem completamente diferente de mim mesmo. Eu me imaginava bem. Vendo as fotos posteriormente, presumo o susto das pessoas que me atenderam. Porque eu estava meio de pé e meio sentado, com cortes em diversos pontos do rosto, todo ensanguentado. Não tinha problemas neurológicos, felizmente, tanto que estava consciente.

Eu me lembro de tudo: dos socorristas me transportando para o rolete, me puxando para retirar meu corpo do meio das árvores, da parada para me pôr no chão por causa do meu peso antes de reerguer a maca, do meu pedido para telefonar para a minha mulher e depois do trajeto morro acima na caminhonete que sacudia na lama. Pensando friamente, tive sorte de desmaiar após ter acordado a primeira vez. O que poderia ter virado medo se transformou em coragem para chamar o socorro e ser resgatado. Eu poderia ter desmaiado uma terceira vez e não ter energia suficiente quando fossem medir o meu pulso, ou algo assim, três ou quatro horas mais tarde. Isso é uma incógnita. Na verdade, não se sente muita coisa. Eu sabia que estava no meio de um desastre, mas não tinha noção do que havia acontecido com o avião. Tudo que eu mais queria era sair dali, queria que alguém me visse. Eu não sabia se estava sozinho.

Amizade e família são relações pessoais interessantes. Por exemplo, eu tenho uma família que me completa, que está sempre comigo, com a qual estou sempre que eu posso. É uma família que acreditou na minha vida e que se uniu mais ainda depois do episódio. Um impacto daqueles foi capaz de nos reaproximar, de romper aquela distância que o cotidiano havia nos imposto. Não por alguma desavença, mas pelo hábito de adiar o encontro. A família é o complemento de uma pessoa. É o seu porto seguro, a casa para onde regressamos, o lugar onde recebemos a energia que sem querer perdemos pelo caminho. A bateria da nossa vida é a família. Feliz de quem pode ter uma família para juntar e para a qual voltar.

Por sua vez, amigos são pessoas com as quais não temos laços de parentesco e que se aproximam de nós. E que também nos completam. Dentro das minhas limitações físicas, estou visitando e recebendo os meus amigos. Ainda na primeira semana depois que deixei o hospital em Chapecó, reencontrei os meus companheiros de futebol. Foi uma surpresa, porque eles não esperavam que eu reaparecesse tão cedo. É como eu escrevi anteriormente. As pessoas ficam felizes com a sua presença, pela amizade que sentem por você.

Enfim, como é bom saber que não estamos sozinhos. Como é bom saber que ao nosso redor existem amizade, solidariedade, gratidão, felicidade e esperança. Tudo isso é parte da nossa vida. De uma vida que transborda.

Posfácio

Confesso que o coração bateu mais acelerado quando a Confederação Sul-Americana de Futebol (Conmebol) confirmou as datas dos jogos entre a Chapecoense e o Atlético Nacional da Colômbia. Finalmente iríamos enfrentar o time contra o qual deveríamos ter jogado no dia 30 de novembro de 2016. Era a chance de agradecer pessoalmente pelo carinho e pela solidariedade do povo colombiano.

No meu programa de rádio fiz questão de convidar a população para ir ao aeroporto recepcionar os colombianos. Como parte diretamente envolvida, queria que todos os visitantes se sentissem em casa. "A gratidão é a memória do coração", como diz o ditado. E quando o avião pousou, centenas de pessoas estavam no acanhado estacionamento do aeroporto e nas margens da rodovia que dá acesso ao local. A Homenagem das Águas realizada pelo Corpo de Bombeiros dando as boas-vindas, o corredor de bandeiras, a banda da Polícia Militar de Santa Catarina e o calor do povo de Chapecó me davam a certeza de que, independentemente do jogo, os colombianos voltariam para casa homenageados.

Além dos jogadores e da comissão técnica do Atlético Nacional, o prefeito de Medellín, cidade que tornou-se irmã de

Chapecó, Federico Gutiérrez Zuluaga, acompanhou a delegação. Na agenda dele estavam marcados diversos eventos e uma entrevista na minha rádio. Ao vivo, as lembranças, que sempre aparecem, retornaram como se eu estivesse naquele morro. O prefeito descreveu aquela madrugada no cerro onde ocorreu o acidente da Chapecoense com as seguintes palavras: "Eu vi o seu resgate. Foi um momento de alegria em meio à tanta tristeza. Era dia do meu aniversário", disse o prefeito. Eu lhe agradeci. Os irmãos colombianos merecem todo o meu carinho e a minha mais profunda gratidão.

Na noite da véspera do jogo fui convidado para um jantar no qual eu reencontraria o prefeito de Medellín. Entretanto, a grande surpresa foi rever os sete médicos chapecoenses que foram para a Colômbia nos dias seguintes ao acidente. Foi a primeira vez em que os encontrei após tudo o que aconteceu. Alguns deles ficaram apenas dois ou três dias ao nosso lado no exterior. Outros permaneceram até o último dia. Quis passar a eles o meu agradecimento, mas obviamente não deixei de perguntar sobre aqueles dias. A cada informação, que hoje recebo com mais tranquilidade, comemoro o milagre. Comemoro por ter acreditado que seria possível melhorar. Um dos médicos mostrou fotos minhas no hospital e comprovou tudo isso.

E chegava o grande dia do encontro entre a Chapecoense e o Atlético Nacional. Particularmente eu me preocupava se o povo colombiano sentiria-se homenageado e agradecido com todo o evento que havia sido organizado. A prefeitura e a Chapecoense fizeram uma grande cerimônia. Fui convidado com os jogadores sobreviventes para falar durante o evento. O estádio estava lotado, pessoas vestidas de branco e também usando camisas de ambos os times. A emoção era geral. Nos bastidores, encontrei os três jogadores. Foi uma das primeiras vezes que todos se reuniram, já que cada um tem sua profissão. Ainda assim, eventualmente vou ao vestiário, nos dias de semana, para abraçar meus colegas de vida. Na cerimônia saímos de mãos dadas para o meio de campo para falarmos com os torcedores nas arquibancadas e que nos acompanhavam pelo mundo afora.

No centro do campo, fiz questão de agradecer todo o carinho de colombianos e brasileiros. Agradecer àqueles que oraram por nós, que fizeram vigília, que se importaram, que torceram. Deixei também um abraço especial a todas as famílias dos jornalistas, técnicos e radialistas que estavam viajando para levar para seus ouvintes, telespectadores ou leitores todos os detalhes daquele confronto histórico. Havia 22 profissionais de comunicação no voo da LaMia. Fui o único sobrevivente e, dentro de minhas limitações e humildade, queria narrar o jogo para eles, que assim como eu tinham o sonho de transmitir o grande jogo da história. Folmann, emocionado, também agradeceu. Alan Ruschel falou dos amigos que se foram. Neto resumiu muito daquilo que vocês leram nessas páginas: "Não espere um avião cair para pedir desculpas, para dar um beijo". Impactante. A cerimônia durou menos de meia hora e, quando a bola rolou, a torcida mostrou solidariedade, inclusive aplaudindo o gol do Atlético Nacional. No final, a Chapecoense venceu.

As homenagens seguiram após o apito final. Num telão gigante, lances históricos da Chapecoense, de atletas que marcaram época, de jogos inesquecíveis, dos guerreiros que levaram a Chapecoense para a final da Copa Sul-Americana e nos deixaram. Fui narrando isso pela rádio, mas não consegui segurar as lágrimas quando o telão mostrou o primeiro gol da Chapecoense na história da Libertadores e com a minha narração. Tantas coisas passam pela nossa cabeça em momentos como esse.

No outro dia, corri para pesquisar a repercussão das homenagens em jornais e emissoras colombianos. Fiquei extremamente satisfeito. Só apurei elogios às cidades-irmãs e ao carinho do povo chapecoense. O resultado foi analisado, claro, mas todo o processo que ocorreu em dois dias foi amplamente divulgado. Era o mínimo que podíamos fazer àqueles que deram um título à Chapecoense, que fizeram uma homenagem gigante para nossos amigos que se foram. E, nos nossos casos específicos, nos socorreram e nos salvaram.

A verdadeira vitória foi da solidariedade!

Agradecimentos

Como já escrevi, agradecer é uma grande prova de humildade, porém, no meu caso específico, é mais do que isso. O meu muito obrigado é uma obrigação para quem esteve comigo pessoalmente ou em oração.

Minha lista de agradecimentos começa com aquele guarda nacional colombiano que se aproximou de onde eu estava em meio à escuridão chamando por sobreviventes e me encontrou. Não vi seu rosto, mas sua voz é inesquecível. Uma voz que me acordou para sempre. Agradeço aos socorristas que passaram a madrugada trabalhando, sendo impactados pelas imagens que o acidente promoveu, e que não desistiram das buscas, até que fui socorrido. E também ao motorista da caminhonete que me retirou do local do acidente e me levou até onde as ambulâncias estavam.

Agradeço aos médicos e enfermeiros, tanto os colombianos quanto os brasileiros. Primeiramente, o meu muito obrigado vai para os profissionais da Clínica San Juan de Díos. Foram eles que me receberam para os primeiros cuidados. Ali foram feitos os primeiros exames, e as primeiras decisões importantes para a minha sobrevivência foram tomadas. Em seguida, fui transferido da cidade de La Ceja, onde se localizava esse primeiro hospital, para a Clínica San Vicente, em Rionegro, a dezenove quilômetros dali. Lembro de mais detalhes desse segundo atendimento, pois já estava desentubado e consciente. Notei o imenso carinho dos profissionais e o desejo de me proteger e me encorajar a aderir ao tratamento para sobreviver.

Algumas profissões se confrontam com a tragédia, mas por outro lado emanam esperança. Os médicos da Chapecoense também não desistiram de nós. Dormiram pouco, seguraram a emoção com a tragédia, trabalharam muito e nos ajudaram a sobreviver na Colômbia. Os doutores Carlos Mendonça, Marcos Sonagli e Edson Stakonski foram os heróis que todos os dias me visitavam e jamais separaram o meu tratamento daquele destinado aos jogadores.

Quando estávamos precisando de transferência, o dr. Jorge Pagura, da Confederação Brasileira de Futebol, foi determinante para que isso ocorresse. Mais tarde, outro médico também nos auxiliou: o dr. Gustavo Janot, pneumologista do Hospital Albert Einstein, foi até a Clínica San Vicente para nos monitorar. Ele também me trouxe grandes notícias referentes aos meus pulmões. Agradeço também aos amigos da Força Aérea Brasileira: o tenente-coronel Braga e o capitão Muccini e sua equipe, que não mediram esforços e simpatia para nos trazer de volta para o Brasil. Missão dada é missão cumprida!

Agradeço ao Hospital da Unimed, em Chapecó. Desde o primeiro minuto em que pousamos no aeroporto, fui tratado com qualidade, empenho e competência. A lista é muito grande para que eu agradeça pessoalmente a todos os médicos, enfermeiras e técnicos, entretanto, eles sabem quem são e os imensos esforços que fizeram. Não me faltou nada. Sobraram a amizade e o agradecimento eterno.

Eu não poderia deixar de agradecer à Associação Chapecoense de Futebol. Também vítima da tragédia, a Chape me deu todo o apoio na Colômbia. Assim como a minha emissora Oeste Capital FM, por meio da sua diretora, Luciana Lang, a quem devo os meus mais sinceros agradecimentos. O meu obrigado também se estende aos colegas de trabalho que não mediram esforços para dar seguimento aos programas que eu apresentava até a madrugada do acidente. Sei como deve ter sido difícil trabalhar nesse momento tão trágico em nossas vidas.

Jamais poderia deixar de agradecer às pessoas que de todos os cantos do Brasil e do mundo oraram por mim. Sinto que essa solidariedade me ajudou imensamente na minha recuperação. Esse restabelecimento também foi alicerçado na fé de diversas religiões que se reuniram em oração.

Ao povo colombiano, o meu sincero obrigado. Em Medellín, 90 mil pessoas se reuniram para homenagear nossos queridos amigos que se foram naquela madrugada.

O meu muito obrigado também vai para o grupo de psicólogos e voluntários colombianos. Eles não mediram esforços para atender a minha família e a dos demais sobreviventes. Não deixaram faltar absolutamente nada nos quinze dias em que nossos parentes nos acompanharam. Eles providenciaram de tudo: roupas, refeições, transporte. Essa ajuda foi extremamente necessária para o conforto não só físico, mas também psicológico de todos os envolvidos no acidente. Mais do que voluntários e profissionais da saúde mental, eles se tornaram grandes amigos.

Meus familiares foram um exemplo. Deram-me a confiança e a tranquilidade de saber que eles se responsabilizaram pelos cuidados com o meu filho enquanto a minha esposa estava comigo na Colômbia. Esposa essa que sempre acreditou que eu voltaria — e eu voltei. O meu primo Roger Valmorbida, policial militar, pediu licença do trabalho e ajudou a montar a estrutura de que eu precisava no país vizinho. Minha mãe, Lídia, meus sogros, meus cunhados, meus tios, minhas tias, minha afilhada Bruna, minha irmã Renata, obrigado por acreditarem. Um agradecimento muito especial vai para o meu filho, Otávio, que aos onze anos mostrou ser um gigante. Forte e consolador, acreditou na minha vida desde o primeiro minuto em que a família soube do acidente.

E o meu maior agradecimento é para Deus. Enalteço-O todos os dias por ter me protegido na queda da aeronave. Agradeço por ter me despertado naquele que poderia ser meu último momento para pedir ajuda. Agradeço por ter orientado todos os médicos e por ter me dado confiança na recuperação. Agradeço pela vida!

Este livro, composto na fonte Fairfield,
foi impresso em papel Avena 70²g/m na Gráfica Imprensa da fé.
Rio de Jeneiro, julho de 2018